…ONE

…SPONZILLI

Franco Santoro

Iniziazione all' Astrosciamanesimo

La via astrologica alla guida interiore

Edizioni Mediterranee

Franco Santoro è guida del Sacro Cerchio e facilitatore sciamanico. Sin dalla prima infanzia ha vissuto esperienze con esseri e dimensioni non ordinarie. Dal 1976 ha operato attivamente presso diverse tradizioni spirituali, approfondendo le sue conoscenze grazie al prezioso contributo di maestri e sciamani in Europa, Asia e Stati Uniti. Fondatore dell'*Osho Press Service*, è stato discepolo (usando il nome Swami Bodhi Satpathi) e addetto stampa del maestro Osho Rajneesh. Si è formato presso l'*Osho Institute for Experiential Astrology* di Poona (India), il *Sacred Circles Institute* di Mukilteo (Washington, USA), gli sciamani del *Sacred Cone Circle* e attraverso la pratica di *A Course in Miracles*. Il suo lavoro si fonda sul rapporto con le Guide Interiori, il perdono e la liberazione dai rancori, l'uso del Sacro Cerchio e l'astrosciamanesimo.

Finito di stampare nel mese di marzo 2000

ISBN 88-272-1325-2

Ringraziamenti

È questa la parte più incompleta dell'opera, poiché le occasioni per ringraziare aumentano vertiginosamente e con esse il piacere di riconoscere il contributo e l'amore di uomini, donne e altri esseri, compagni meravigliosi di questo viaggio estatico nella vita. La redazione di questo testo si fonda principalmente su contributi esperienziali, messaggi, visioni, letture e insegnamenti da parte di guide, maestri, sciamani, ricercatori, fratelli e sorelle di Cerchio. In particolare ringrazio per i preziosi insegnamenti e il supporto decisivo: A.F.S. Bogus, l'Anaghaseva, i compagni del Cerchio di Bologna, la Findhorn Foundation, il Provordo Etnai, Rita Inì, Kabir Jaffe, Osho Rajneesh, Ratusel, Grazia Prasadia Romano, il Sacred Cone Circle, Annamaria Santoro, Nunziato Santoro, Marisa Testoni, Ur Ichì, Ur Kraab, Ur Kuran e i ricercatori dei corsi di astrosciamanesimo di Bologna, Milano, Roma, Tivoli e Trieste. Sono grato inoltre a Leo Anfolsi, Michael Barnett, Eileen Caddy, Luca Castellari, Patrizia Comi, Donna Cunningham, Mattie Davis-Wolfe, Cinzia Donnoli, le Edizioni Mediterranee, Arpana Greenwood, Luca Morisi, Luisa Muratori, l'Osho Multiversity, Paola Pierpaoli, Sabrina Pizzirani, Maritha Pottenger, Alfed Rueckstahl, il Sacred Circles Institute, David Thomson, Renato Tittarelli, Giorgio Triani, Sauro Tronconi, il Podere Valpisa, gli autori citati nella bibliografia, quelli non citati per esigenze di spazio, i miei lignaggi di parentela fisica e spirituale, e tanti altri esseri, umani e non. A ogni mia relazione, esprimo la più profonda gratitudine. *Kahesha Opa!*

Indice

Prefazione

Questo lavoro è il tentativo di portare luce nell'apparente oscurità delle antiche origini di un meraviglioso ricordo, per far emergere in superficie ciò che è a lungo rimasto lì, imperturbato, in un'oasi di nubi vellutate e tenebrose. Il suo fine è riconoscere la realtà di quel ricordo, risvegliarne l'energia, stabilire con essa un contatto regolare e consentirne un'emanazione crescente, dentro e fuori di noi. È un viaggio nel mondo interiore ed esteriore sostenuto dall'aderenza all'INTENTO e alla FUNZIONE. La Funzione è l'allineamento totale con la volontà divina dell'esistenza e rappresenta il massimo scopo perseguibile a livello umano. L'Intento è l'applicazione specifica della propria Funzione: il contributo creativo, apparentemente individuale, connesso alla realizzazione della volontà divina. L'Intento deve essere collegato alla Funzione.

Ur Kraab

Introduzione

Nei primi anni della mia formazione astrologica lessi una gran quantità di libri e frequentai vari corsi. L'astrologia mi affascinava molto. Tuttavia, col passare del tempo, sentivo sempre più la mancanza di una parte fondamentale. Non capivo esattamente cosa. Ogni volta che studiavo un tema natale, avvertivo un crescente disagio che dal corpo si trasferiva alla mente. Mentre sedevo a considerare le posizioni dei pianeti nei segni e nelle case, il mio corpo si agitava nei modi più vari. Poi mi resi conto che erano gli stessi pianeti che stavo esaminando a volersi manifestare attraverso il movimento, e più cercavo di trattenerli, più diventavano incontenibili. A un certo punto capii che non potevo continuare a studiare l'astrologia solo sui libri o le carte natali. Avevo bisogno di viverla in ogni parte del mio essere.

L'incontro con l'astrologia esperienziale e le tradizioni sciamaniche mi diede questa opportunità. Il loro contributo e il prezioso rapporto con insegnanti e ricercatori di diverse culture mi permisero di fare esperienza di uno tra i più antichi ed efficaci strumenti di guarigione della storia umana: il Sacro Cerchio.

Questo libro rappresenta un'introduzione ai principi e alle tecniche del Sacro Cerchio secondo la visione dell'astrosciamanesimo. Il termine *astrosciamanesimo* viene qui usato per indicare un sistema di ricerca interiore finalizzato a espandere la percezione della realtà attraverso l'integrazione delle antiche conoscenze sciamaniche con quelle più recenti, derivate dall'astrologia esperienziale, e da alcune forme di spiritualità occidentale.

L'astrosciamanesimo si fonda sulla consapevolezza dell'esistenza di una dimensione estatica e unitaria che, per sua natura, trascende l'illusione su cui si basa la percezione ordinaria della realtà. La certezza che gli esseri umani, attraverso il rilascio progressivo delle loro identità legate alla separazione, possono avere accesso illimitato a tale dimensione costituisce il motivo di ispirazione di questo lavoro.

Lo scopo di questo libro consiste nello stimolare la consapevolezza, l'esplorazione, il riconoscimento e lo sviluppo dei propri potenziali interiori. Poiché la sua struttura si fonda sul cerchio, ciò che non è comprensibile subito si chiarirà man mano che si procede nella lettura e nel lavoro esperienziale. Il libro è inteso a sostenere il sentiero spirituale di ciascun individuo, non a sostituirsi ad esso. Di conseguenza, verrà dato poco risalto alle spiegazioni interpretative, ed è probabile che gli interrogativi e le domande aumenteranno invece di diminuire. Questo sarà un segno del corretto procedere del lavoro, così come lo sarà il fatto di aver fornito gli strumenti affinché ognuno possa trovare direttamente le risposte.

Nella prima parte del testo introduciamo alcuni degli aspetti teorici su cui si fonda l'astrosciamanesimo. Iniziamo dapprima considerando l'astrologia e il suo rapporto con lo sciamanesimo. Ci soffermiamo poi sul Sacro Cerchio, i concetti di Intento e Funzione, le pratiche rituali, il rapporto con la Guida Interiore e gli Spiriti Totem, i viaggi interiori. Diamo quindi una breve descrizione del linguaggio astrologico, così come viene inteso nell'astrosciamanesimo, e indicazioni su alcuni esercizi e pratiche per ciascuno dei 12 segni astrologici o Settori del Sacro Cerchio.

Le informazioni qui contenute coprono una sfera molto ampia di conoscenza. Per alcuni lettori esse non saranno affatto nuove e costituiranno semplicemente una riscoperta, mentre per altri potrà essere utile chiarirne le basi attraverso ulteriori approfondimenti.

Il sistema di riferimento di questo testo comprende tre modelli principali: *A Course in Miracles*[1], le tradizioni del Sacro Cerchio, e l'*Epica del Sacro Cono*.

---

[1] Le citazioni di *A Course in Miracles* che compaiono in questo testo sono tratte dall'edizione del 1992 a cura della Foundation for Inner Peace Inc., P.O. Box 598, Mill Valley, California 94942. I riferimenti al testo originale di *A Course in Miracles* (abbreviati con la sigla *ACIM*) sono riportati tra parentesi al termine della citazione e comprendono l'indicazione delle parti dell'opera ("T" equivale a *Text* e "W" a *Workbook*) seguita dal numero di pagina. Al momento della redazione di questo libro, *ACIM* non è ancora disponibile in lingua italiana, per cui la traduzione è opera dell'Autore e non costituisce la versione ufficiale approvata dalla suddetta Foundation. I contesti delle citazioni, i commenti e le idee qui presentate sono frutto della comprensione dell'Autore e non necessariamente in linea con i detentori del Copyright di *A Course in Miracles*.

A Course in Miracles è il titolo di un'opera che ha influenzato profondamente milioni di persone. Il suo messaggio è che solo noi stessi possiamo decidere se usare la vita per rimanere intrappolati in uno stato di paura, dove siamo vittime delle circostanze, oppure se considerarla come un percorso di insegnamento, per raggiungere la pace interiore e ricordarci chi siamo veramente.

Il Sacro Cerchio e le sue applicazioni – ivi comprese astrologia e sciamanesimo – costituiscono la struttura di base di questo testo. Con il Sacro Cerchio si apporta equilibrio, integrazione e unità attraverso un processo di apprendimento circolare che onora i nostri cicli interiori seguendo la cadenza dei ritmi della Terra. Ogni lezione ed esperienza è ripetuta in maniere diverse e da distinte angolazioni fino a quando non viene pienamente appresa. Quando ciò accade, ecco che si verifica il passaggio ad una nuova dimensione: il cerchio cessa di ruotare lungo la stessa circonferenza e si apre al movimento a spirale per iniziare un nuovo ciclo di conoscenza. Questa forma di insegnamento è stata impiegata in ogni luogo e tradizione sin dagli albori dell'umanità.

L'*Epica del Sacro Cono* rappresenta una trasposizione in chiave mitica e strategica dei modelli precedenti. Essa comprende una serie di informazioni frutto del lavoro con le Guide Interiori e con gli sciamani di un lignaggio che qui identifichiamo con il termine *Cerchio del Sacro Cono*. Le fonti e i contenuti specifici di questa tradizione fungono da modello di ispirazione e, per espressa indicazione dei loro tenutari, non sono oggetto di trattazione diretta in questo testo. L'intento di base di tale materiale consiste, in breve, nel favorire il processo di perdono e rilascio delle nostre componenti di rancore mediante il loro inserimento in un'ottica di scambio con specifiche realtà multidimensionali.

L'immagine del cono è partecipe di quella del cerchio e del triangolo, e descrive un movimento circolare a spirale che, partendo da un punto, si sviluppa creativamente all'infinito. Essa rappresenta il processo di spiritualizzazione progressiva dell'universo, il movimento ascensionale della materia verso l'eterna realtà dello spirito, l'abbandono dell'illusione della separazione attraverso il ritorno alla percezione dell'unità. Questo passaggio non avviene fuggendo o trascendendo la dimensione terrena, bensì prendendosi piena responsabilità per essa. Il presente testo è un atto di omaggio a questa visione.

1. Astrologia e sciamanesimo

Come in alto, così in basso. Come in basso, così in alto. Per compiere il miracolo dell'Uno. Questa nozione, attribuita a Ermete Trismegisto, costituisce il principio essenziale su cui si fonda l'astrologia. Significa, in breve, che Cielo e Terra sono la stessa cosa, che tutto ciò che esiste dentro e fuori di noi, dal piccolo atomo alle grandi galassie, rappresenta la ripetizione del medesimo modello e l'emanazione della stessa fonte. Il principio essenziale dell'astrologia è quindi che non esiste separazione: il nostro mondo interiore ed esteriore è solo il riflesso dell'universo di cui facciamo parte. L'umanità, tuttavia, non sembra essere pienamente partecipe di questa esperienza. Nonostante sia evidente che la realtà ultima dell'universo è caratterizzata dall'unità di ogni componente, l'uomo si riduce ancora a vivere nella convinzione dell'esistenza di una sua individualità separata. L'investimento in questa credenza è talmente radicato, da portarci a dare forma concreta a un'articolata allucinazione che si rivela collettivamente in ogni aspetto della vita umana. Alla struttura portante di tale allucinazione diamo qui il nome di *ego*.

In una lontana e imprecisata sfera del tempo è successo qualcosa per cui ci siamo separati dall'unità dell'esistenza per affidarci a una percezione che ci ha relegato in una dimensione di sogno da noi stessi nutrita e generata. "Nell'eternità, dove tutto è uno", dice *A Course in Miracles*, "si insinuò una minuscola, folle idea, verso cui il Figlio di Dio non si ricordò di ridere. Nella sua dimenticanza questo pensiero divenne un'idea seria, possibile sia di adempimento che di effetti reali" (*ACIM*, T586-587). Questa *folle idea* consiste nel pensare di vivere come entità separate, mentre i suoi *effetti reali* sono rappresentati dall'ego e da tutti i rancori che ne derivano. Fortunatamente, la memoria della nostra vera natura non ci ha mai abbandonato. Sebbene nascosto da spesse nuvole, il nostro sé originale ha continuato a sussurrarci nei meandri della mente, impiegando ogni sorta di strumento al fine di rammentarci la nostra vera matrice unitaria. L'astrologia, nella sua forma più pura, è stata concepita come uno di questi strumenti. In quanto tale, essa tiene conto della situazione di illusione in cui si trova il genere umano, operando tra gli uomini *affinché il miracolo dell'Uno possa essere compiuto*. In altre parole, poiché abbiamo prodotto il mondo che vediamo come reale attraverso la credenza nella separazione e l'identificazione con l'ego, l'astrologia parte da questa stessa percezione distorta per condurci gradualmente al di là di essa. La sua struttura si basa infatti su un insieme di simboli e definizioni energetiche apparentemente separate e distinte, ma sempre riconducibili a una sola unità: quella del cerchio zodiacale.

Nella dimensione del cerchio zodiacale ogni forma si anima nell'apparente percezione dei conflitti più netti: maschile e femminile, giorno e notte, vita e morte, Cielo e Terra, amore e odio, felicità e dolore, ecc. Per rivelare agli esseri umani l'unità dell'universo, l'astrologia impiega il primo linguaggio che essi sono in grado di comprendere: quello dualistico dell'ego. Questa situazione ha creato diversi fraintendimenti nella comprensione dell'astrologia.

La conoscenza astrologica, per sua natura, si basa sull'identità tra causa ed effetto, tra soggetto e oggetto, tra osservatore e oggetto osservato. A causa di questa uguaglianza, nel corso dei secoli, la sua struttura interpretativa è mutata a seconda delle concezioni prevalenti e del particolare tipo di cultura o spiritualità. Negli ultimi tempi, il predominio della parte sinistra del cervello, analitica e verbale, a scapito dell'intuizione e dell'immaginazione del lato destro, ha fatto perdere il contatto con l'esperienza diretta. L'astrologia, come altre materie, è diventata troppo astratta e teorica, e ha finito col dimenticarsi che il nostro rapporto originario con le forze cosmiche era vivo e immediato. L'astrologia racchiude tutto l'universo: è come una mappa geografica in grado di descrivere ogni tipo di realtà e stato d'animo. Essa rappresenta, nelle parole di Jung, "la summa di tutte le conoscenze psicologiche dell'umanità"[1]. Tutto ciò è estremamente stimolante, ma un'attenzione eccessiva alla mappa e ai suoi dettagli ha fatto perdere di vista il motivo per cui la mappa stessa era stata creata: la realizzazione effettiva del viaggio. La mappa non è il territorio così come la lista delle vivande non è il pasto.

---

[1] Carl Gustav Jung, *Studi sull'alchimia*, Boringhieri, p. 70.

L'ASTROLOGIA ESPERIENZIALE

L'astrologia a cui ci riferiamo in questo testo è una *astrologia esperienziale*. In quanto tale essa impiega strumenti intesi a tradurre i simboli zodiacali in esperienze vive e concrete. La carta natale non è interpretata o analizzata, ma si rivela in forma di emozioni, movimento, danza, suoni, visioni e situazioni che mirano a coinvolgerci il più possibile, a risvegliarci e a farci sentire intensamente le nostre energie. Questo tipo di astrologia costituisce la via di ritorno alle origini primordiali del linguaggio astrologico, inteso come strumento sciamanico di dialogo e comunione con le forze dell'universo. Essa ci conduce a rapportarci con le radici delle nostre tradizioni spirituali e a integrare nel presente quell'ampio bagaglio di conoscenze da cui nel corso dei tempi ci siamo separati.

Le origini moderne dell'astrologia esperienziale risalgono alla fine degli anni Settanta. Nell'ambito psicologico, la fioritura di approcci alternativi, come lo *Human Potential Movement*, incoraggiarono allora l'impiego di nuovi metodi intesi a sbloccare i potenziali nascosti dell'individuo e a mettere in evidenza prospettive di valutazione molto diverse da quelle precedenti. In particolare si iniziò a enfatizzare l'importanza della responsabilità personale, piuttosto che il ruolo vittimista e l'identificazione del paziente in quanto paziente. In quello stesso periodo, la riscoperta dello sciamanesimo, lo sviluppo di nuovi movimenti spirituali, la diffusione delle tecniche di meditazione e l'emergere del fenomeno *New Age* allargarono la ricerca verso una dimensione sempre più transpersonale e profonda del mondo interiore. La tendenza a fare risalire le cause dei malesseri all'infanzia, alla situazione sociale o, più esotericamente, alle vite passate o alle posizioni degli astri, venne ritenuta inadeguata. In questo contesto non era più tanto importante conoscere gli eventi passati di una persona, ma piuttosto come essa continuava a ripetere quegli stessi copioni nonostante vi fossero opportunità per impiegare modelli diversi. La trasformazione di queste abitudini e la consapevolezza del potenziale interiore diventarono l'obiettivo di molti operatori. Per facilitare questo processo alcuni iniziarono a riscoprire e impiegare varie tecniche, tra cui l'astrologia.

Maritha Pottenger, una pioniera in questo campo, esprimeva così il suo punto di vista: "Credo vivamente che riuscire a conoscere il nostro proprio essere e aprirci alla crescita e al cambiamento sia il solo compito più importante della nostra vita. Credo inoltre che la 'Verità' abbia molti aspetti. Sono fermamente convinta che non esiste UNA sola via verso la verità. Ciascuno di noi deve trovare il suo proprio e unico sentiero... La mia enfasi è sull'autorealizzazione. Penso che l'astrologia possa essere uno strumento straordinario in questo processo, ma il processo è PIÙ importante. Lo strumento è secondario"[2]. Lo scopo non era quello di interpretare l'oroscopo di un individuo o fare previsioni, ma di usare tecniche esperienziali finalizzate a ottenere la trasformazione e il risveglio delle energie rappresentate dai segni zodiacali. "L'obiettivo nell'essere umano (come nell'oroscopo) è di integrare queste dodici parti della vita. Noi tutti stiamo imparando a riconoscere tutte le dodici parti nella nostra vita, non a negarle, reprimerle o proiettarle"[3].

LE RADICI DELL'ASTROLOGIA

Secondo la storia convenzionale, l'astrologia prese vita in Mesopotamia a partire dal 3000 a.C. a opera di pochi saggi che, dopo secoli di osservazioni celesti, iniziarono a individuare correlazioni tra astri ed eventi della vita sulla Terra. I più antichi reperti archeologici presenti in ogni parte del globo dimostrano invece che, per quanto si possa risalire alle origini della storia dell'umanità, l'astrologia è sempre stata presente.

L'astrologia degli antichi non si occupava della personalità, ma era intesa come studio dell'energia e si esprimeva collettivamente. Allora, non occorreva eseguire calcoli complessi per accostarsi ai misteri dell'universo. Gli astri non si trovavano solo lassù in alto nel Cielo: le loro energie erano accessibili qui, sulla Terra, e gli abitanti del pianeta potevano sentirle liberamente nel corpo, nella mente e nel cuore. Essi erano in rapporto diretto con i pianeti, li percepivano in ogni cosa e li rappresentavano nei modi più vari. "Per noi, l'astrologia è una scienza matematica; per loro, era la conoscenza intima delle energie viventi, poiché si rendevano conto delle forze cosmiche che animano ogni essere. Questa concezione delle forme planetarie è la chiave di volta di tutto il pensiero antico, del simbolismo,

---

[2] Maritha Pottenger, *Encounter Astrology,* TIA Publications, pp. 7-8.
[3] Pottenger, *op.cit.*, p. 17.

delle religioni e delle mitologie"[4]. Una chiave di volta di cui l'uomo perse le tracce a seguito della scomparsa delle tradizioni dell'*età mitica*[5] e con l'accumulo e la sovrapposizione di concezioni individualiste a essa sempre più estranee.

Cercare di comprendere l'astrologia sulla base delle concezioni successive a quelle originarie raramente può consentirci di afferrarne l'essenza. Sfortunatamente, non sembrano essere disponibili documenti esaurienti relativi a quell'età primordiale descritta da molte tradizioni religiose. Del resto, tale epoca, ben lungi dal possedere radici storiche effettive, potrebbe corrispondere semplicemente ai residui di memoria riguardo a una realtà unitaria che esiste al di là della nostra percezione ordinaria. In questo caso, avrebbe poco senso pensare di incontrarla attraverso scavi archeologici o recuperi di antichi documenti. Ciò che resta invece alla portata di tutti è la possibilità di conoscerla attraverso l'esplorazione del mondo interiore.

"L'astrologia assomiglia alle rovine di un edificio maestoso che esisteva molto tempo fa: era una scienza completa, che è andata perduta... Molte volte accade che la verità giunga alla portata delle nostre mani, per poi andare perduta. L'astrologia era una di queste grandi verità. Un tempo era conosciuta, poi venne perduta. E ora esistono complicazioni nel ricostruirla"[6]. Una parte determinante del lavoro di esplorazione interiore consiste nel fare riemergere quest'antica saggezza alla luce della realtà dell'uomo contemporaneo. In questo contesto, si tratta di recuperare, impiegare e, soprattutto, integrare quel bagaglio di conoscenze coltivate nei tempi in cui sciamanesimo e astrologia erano in totale sintonia.

L'ASTROSCIAMANESIMO

L'astrologia è indubbiamente la più remota forma di linguaggio simbolico, mentre lo sciamanesimo è il più antico e diffuso sistema

---

[4] Alexandre Volguine, *L'esoterismo dell'astrologia*, Xenia, p. 12.

[5] Per *età mitica* si intende quell'epoca o "èra paradisiaca nella quale gli umani", usando le parole di Eliade, "potevano ascendere facilmente in Cielo ed avevano rapporti familiari con gli dèi" (Mircea Eliade, *Lo sciamanismo e le tecniche dell'estasi*, Edizioni Mediterranee, Roma, 1974, p. 289).

[6] Osho Rajneesh, *I misteri occulti dell'Oriente: la dimensione nascosta della tradizione orientale*, ECIG, pp. 199-200.

metodologico di guarigione. In ogni parte del pianeta e in tutte le epoche sono state trovate testimonianze di pratiche sciamaniche. La parola *sciamano* deriva da *saman*, la traslitterazione russa di un termine usato dalle tribù tunguse della Siberia che significa "uno che vede nel buio". Lo stesso termine viene anche fatto risalire alla parola sanscrita *śramana* impiegata per indicare chi vive una vita di autodisciplina religiosa. "Uno sciamano è una donna o uomo che entra, a volontà, in uno stato alterato di coscienza per mettersi in contatto con una realtà normalmente nascosta e utilizzarla per acquisire conoscenza, potere e per aiutare gli altri"[7]. Egli ha accesso a territori totalmente nuovi, e allo stesso tempo anticamente familiari, che forniscono conoscenze profonde sul significato della sua vita e del suo posto nella totalità dell'esistenza.

Nello sciamanesimo, come nell'astrologia, non esiste alcuna separazione e ciò che ci circonda è parte integrante della stessa dimensione di unità da cui tutto, senza alcuna esclusione, emana. Il tratto distintivo degli sciamani è rappresentato da una percezione chiara di questa unità che permette loro di intervenire e apportare guarigioni nella vita di coloro che ne sono ancora privi. Essi hanno una profonda familiarità con stati di coscienza che consentono la visione e l'esplorazione delle dimensioni spirituali e unitarie della realtà. Per affrontare questi spazi, gli sciamani si avvalgono di spiriti alleati, guide interiori, animali di potere e altre entità. Il rapporto con questi esseri è l'aspetto più caratteristico delle culture sciamaniche e costituisce una parte sostanziale del lavoro con l'*astrosciamanesimo*.

La conoscenza sciamanica comprende informazioni riguardo la geografia delle realtà non ordinarie, che permettono di intraprendere agevoli spostamenti al loro interno sapendo dove trovare strumenti di guarigione, forze alleate, blocchi e malattie.

Nell'astrosciamanesimo, la carta astrologica diventa un Sacro Cerchio e assume la sua antica funzione di rappresentazione geografica dell'anima. In questo contesto, non si tratta tanto di analizzare la carta, ma di impiegarla soprattutto come ausilio per l'esplorazione diretta.

L'astrosciamanesimo non comporta giudizi o interpretazioni attraverso le consuete modalità della mente e nemmeno richiede

---

[7] Michael Harner, *La via dello sciamano: una guida al potere e alla guarigione*, Edizioni Mediterranee, Roma, 1995, p. 57.

l'adesione a una specifica dottrina religiosa. Esso consiste nell'essere disposti a mettere da parte pregiudizi e idee fisse per aprirsi a un'autentica operazione di conoscenza verso il mistero che è dentro e fuori di noi. Astrosciamanesimo vuol dire prima di tutto entrare dentro l'energia di ogni segno o pianeta astrologico, sentirlo nel corpo, nelle emozioni, nella mente e nello spirito. Non è studiare o analizzare il significato del Sole o della Luna, prendendone le distanze e rimanendo ancorati ad una sicurezza basata sulle definizioni intellettuali. Vuol dire essere disponibili a diventare il Sole o la Luna, a possederne l'energia, per viverne l'essenza e aprirsi così a un'autentica trasformazione. Questa modalità comporta una profonda rivoluzione all'interno del nostro essere che è necessario affrontare gradualmente, nel pieno rispetto dei tempi e di ogni componente della nostra natura.

Nell'astrosciamanesimo impieghiamo strumenti il più possibile rapportabili e integrabili nella realtà dell'uomo contemporaneo. In quest'ottica, l'adozione di tradizioni di altri tempi o culture non implica l'evasione dalle responsabilità nel mondo presente. In certi momenti è utile cercare ispirazione altrove ed evadere dal contesto abituale per ritrovare il proprio vero Intento. Una volta recuperato e rafforzato questo Intento, è necessario tuttavia applicarlo concretamente ed accettare di guarire e trasformare il nostro stesso ambiente. Per certi versi è facile fare gli *sciamani* nel verde dei boschi o sentirsi pieni di potere emulando le pratiche dei nativi d'America. Ciò che risulta difficile è esserlo nelle città e nella vita sociale e, in realtà, sono proprio questi gli ambienti in cui ne abbiamo maggior bisogno. Storicamente, lo sciamano ha fatto sempre parte integrante della società in cui ha vissuto, prendendosi cura dei suoi problemi, laddove gli è stato permesso di operare. Per diversi secoli la cultura sciamanica del mondo occidentale è stata osteggiata fino a essere quasi interamente sterminata. Essa è riuscita a sopravvivere nella clandestinità o attraverso la copertura di complessi sistemi esoterici. Oggigiorno non esistono più i pericoli del passato e abbiamo la libertà di fare riemergere questa conoscenza per usarla nel nostro contesto culturale e non da qualche altra parte. Il mondo ha bisogno di sciamani in grado di funzionare sull'asfalto delle strade, tra le apparecchiature elettroniche e i motori, nelle piazze e nei mercati delle nostre società.

2. Il Sacro Cerchio

Nell'astrosciamanesimo il cerchio zodiacale viene inteso nella sua natura originaria di *Sacro Cerchio*: la più antica forma interculturale di ricerca di conoscenza e crescita interiore il cui sviluppo precede quello di ogni religione o filosofia conosciuta. La caratteristica principale del Sacro Cerchio è che attraverso di esso è possibile instaurare una relazione diretta con la propria Guida Interiore (intesa come Centro, sé superiore o qualunque altro termine risuoni in noi con la più alta intensità) invece che un rapporto di mediazione per mezzo di un'autorità spirituale. Esistono molti metodi di lavoro con il Sacro Cerchio. Essi sono frutto dell'opera di donne e uomini di conoscenza che in tutti i tempi hanno lavorato per l'ampliamento della consapevolezza del genere umano. Ognuno di essi possiede i suoi propri strumenti ed è in sintonia con una specifica cultura o lignaggio. I documenti che ci sono giunti sull'impiego originario del Sacro Cerchio, o *ruota di medicina* (come lo chiamano in genere i nativi d'America), sono tuttavia molto scarsi a causa dell'antico rifiuto di tramandare in forma scritta gli insegnamenti spirituali. Ciò che attualmente conosciamo è di solito frutto di ricerche o visioni da parte di studiosi e ricercatori contemporanei.

Mattie Davis-Wolfe e David Thomson descrivono così il Sacro Cerchio: "Il Sacro Cerchio è ancorato alle quattro direzioni cardinali (Nord, Est, Sud, Ovest), che derivano dalla relazione costante della Terra con il Sole e la Luna. La rivoluzione reciproca della Terra, del Sole e della Luna, che si muovono a spirale nello spazio, stabilisce il modello di energia per tutte le altre relazioni sulla Terra. Questa è la fonte delle regolarità costanti e delle diversità infinite della Terra. La Ruota dell'Anno, perciò, può darci insegnamenti sulle nostre nature più profonde, come esseri della Terra in relazione continua con ogni altra forma di vita. Ma il Cerchio non è solo uno strumento, è l'esempio di un modo sacro di vivere, una via di bellezza ed equilibrio. I miti, i rituali e le celebrazioni degli antichi erano allineati con i modelli di certe parti del giorno o stagioni dell'anno. L'intento in quelle occasioni era di consentire alla gente di entrare in sintonia con l'energia piuttosto che fare semplici feste. La natura ripetitiva di questi eventi e i loro ampi modelli di partecipazione ricordavano agli uomini che essi facevano parte di un ritmo organico dinamico. La salute dipendeva del tutto direttamente dalla devozione di ciascuno alla sua natura e alla qualità della partecipazione nel grande piano del cerchio della vita. La partecipazione al tutto era un processo dinamico interattivo. Quando ci apriamo alle energie del cerchio, possiamo scendere più in profondità nelle sue lezioni. Per esempio, è possibile accedere alle energie del cerchio, e continuare sempre a girare intorno allo stesso percorso senza cambiare o imparare nulla. Aprirci alle lezioni più profonde significa ricevere insegnamenti sulla spirale: il cerchio che si apre. Qui ciascun viaggio è diverso da quello di prima, così come ogni primo giorno dell'inverno è diverso da quello degli anni prima. Impariamo che ritorniamo sempre negli stessi luoghi, ma come persone differenti grazie alle esperienze e alle lezioni apprese durante il cammino"[1].

ASTROSCIAMANESIMO E SACRO CERCHIO

Le principali difficoltà che sperimentiamo nella vita quotidiana sono dovute alle nostre percezioni personali e non a ciò che accade effettivamente. Sono le potenti immagini del mondo interiore, represse o proiettate all'esterno, a causare i veri problemi. È incredibile osservare quanto peso trasferiamo su amanti, amici, parenti, colleghi, oggetti materiali o altri campi circoscritti della vita. È terribile notare come perdiamo di vista la loro effettiva natura, con tutto l'amore e il supporto che può donarci, per investirli di ruoli e poteri che non potranno mai incarnare. Questa tendenza a scaricare sugli altri l'immensità delle forze che si muovono dentro e fuori di noi è una delle cause principali delle sofferenze di noi esseri umani. Individuare queste energie nella carta natale, liberarle, renderle vive, creare un dialogo e confrontarsi con esse è il compito che si propone l'astrosciamanesimo. Per compiere quest'operazione, impieghia-

---

[1] Mattie Davis-Wolfe, David Thomson, "Introduction", pp. 2-3, in *Walking the Sacred Wheel*, Sacred Circles Institute.

mo i *12 Settori*, vale a dire 12 insiemi concentrati di energia che costituiscono l'*asse orizzontale* o circonferenza del Sacro Cerchio.

Ciascun Settore descrive forme particolari di energia e vibrazione. L'esame della carta astrologica può consentirci di individuare in che modo esse si esprimono e in quali momenti sono più accentuate. Ogni Settore rappresenta un'entità organica vivente con cui è possibile interagire e relazionarsi intimamente. Se esistono problemi di dialogo con un Settore, o se si sente rabbia e disagio verso di esso, in genere si tratta di un tipo di energia che viene repressa, separata o espulsa dalla nostra consapevolezza. Per ritrovare la propria totalità, è necessario prima o poi imparare a rapportarsi con essa.

Lo scopo dei 12 Settori del Sacro Cerchio è quello di facilitare la guarigione dal senso di separazione. Ciò comporta l'accettazione e l'integrazione graduale di ogni aspetto del nostro essere rappresentato da ciascun Settore. Non si tratta solo di riconoscere e accettare una verità filosofica o spirituale: quella dell'unità dell'esistenza. Ciò sicuramente può aiutare, ma finché non avremo una diretta esperienza della nostra natura, delle paure più profonde, di ciò che odiamo o amiamo intensamente, per trasformare ogni stato di coscienza e riportarlo alla sua fonte originaria, non potremo raggiungere la consapevolezza di questa verità.

L'abilità di un ricercatore spirituale consiste nell'essere in grado di viaggiare nei diversi Settori, passando da un mondo all'altro e rimanendo connesso all'asse verticale. Un tempo, nell'età mitica, secondo le leggende di molte tradizioni, questo tipo di esperienza era accessibile a tutti. Poi accadde qualcosa che determinò una separazione e la conseguente rottura del dialogo tra gli esseri umani, i tre mondi e i 12 Settori. "Dopo il venir meno delle *comunicazioni facili* che all'alba dei tempi esistevano fra Cielo e Terra, fra gli umani e gli dèi, certi esseri privilegiati (e in primo luogo gli sciamani)", scrive Mircea Eliade, "hanno conservato il potere di realizzare, per conto proprio personale, il collegamento con le regioni superiori"[2]. Si può discutere a lungo riguardo la realtà oggettiva di questi spazi e dei loro contenuti: se si tratta di proiezioni dell'inconscio o di estensioni di un sé superiore. Secondo Michael Harner, lo sciamano non considera le realtà non ordinarie come proiezioni della sua mente; piuttosto, la mente stessa viene impiegata per varcare l'accesso di

---

[2] Mircea Eliade, *Lo sciamanismo e le tecniche dell'estasi*, Edizioni Mediterranee, Roma, 1974, p. 289.

una porta che conduce in un'altra realtà, che esiste indipendentemente dalla mente[3].

L'esistenza delle cosiddette realtà non ordinarie è sempre stata considerata ed esperita nel corso di tutta la storia del genere umano. Alce Nero (Black Elk), uomo di medicina Lakota, le descrive come "il vero mondo che sta dietro a questo", per cui "ogni cosa che noi vediamo qui è simile a un'ombra di quel mondo"[4]. Per gli sciamani, queste realtà sono autentiche collocazioni spazio-temporali abitate da spiriti ed entità tanto effettive quanto gli esseri che popolano la realtà ordinaria. Nel corso della storia dell'umanità, diversi individui hanno avuto esperienze concrete di questi spazi. Le descrizioni che essi hanno fornito si sono ispirate ai modelli di interpretazione delle loro tradizioni o a particolari approcci di ricerca. Nel modello della psicologia analitica di Jung ci si riferisce a campi e contenuti dell'inconscio, a funzioni della coscienza e ad archetipi. Nelle tradizioni occulte occidentali questi spazi sono mondi invisibili e astrali abitati da divinità, angeli, demoni e anime di defunti. Nell'ambito del lavoro energetico si tratta di forme di energia, e così via.

La conoscenza sciamanica si fonda sulla comprensione dei misteri relativi ai varchi o passaggi dimensionali, e sull'esperienza che nell'universo esiste qualcosa che va oltre la sfera mentale. "Solo gli sciamani sanno compiere l'ascensione attraversando l''apertura centrale'; essi solo trasformano una concezione cosmo-teologica in una esperienza mistica concreta"[5]. Ciò che conta quindi non è l'accettazione fideista di una determinata visione dell'universo, ma il suo impiego esperienziale e la verifica diretta. Per lo sciamano, in definitiva, l'obiettivo del viaggio non è il viaggio in se stesso, ma l'applicazione delle conoscenze e dei poteri acquisiti in quel contesto per apportare guarigione e armonia nella realtà ordinaria.

L'ASSE VERTICALE E I TRE MONDI

Un aspetto caratteristico dell'astrosciamanesimo è il rapporto diretto con la Guida Interiore e ogni tipo di entità e realtà, ordinaria e non, di cui il Sacro Cerchio e la carta astrologica costituiscono lo

---

[3] Shirley Nicholson, *Shamanism: an Expanded View of Reality*, Theosophical Publishing House, p. 2.

[4] John C. Neihardt, *Black Elk Speaks: Being the Life Story of a Holy Man* of *the Oglala Sioux*, Simon e Schuster, p. 71.

[5] Eliade, *op.cit.*, p. 289.

spazio di riferimento. Le modalità del rapporto con queste realtà ci sono giunte in modo frammentario attraverso le culture tradizionali sopravvissute alla periferia del globo, l'opera segreta di alcune scuole misteriche, gli insegnamenti di maestri illuminati e, soprattutto, tramite il rapporto con il mondo interiore che è sempre accessibile a ogni individuo, sia che egli lo riconosca o meno.

Nella cosmologia del Sacro Cerchio impieghiamo la classica divisione in asse orizzontale e asse verticale tipica delle culture sciamaniche e delle principali tradizioni esoteriche. L'asse verticale è tradizionalmente composto da tre mondi: *Mondo dell'Alto*, *Mondo di Mezzo* e *Mondo del Basso*.

Il Mondo dell'Alto, altrimenti chiamato *Cielo* o *Nazione della Grande Stella*, è popolato da esseri cosmici, maestri spirituali, pianeti, dèi e galassie. Il viaggio in questo mondo offre l'opportunità di riscoprire le nostre origini più remote e di ricevere informazioni sull'effettivo motivo della nostra presenza sulla Terra. Qui è possibile provare sensazioni di leggerezza e connessione con il Tutto, e ricevere visioni, indicazioni e consigli spirituali riguardo la nostra missione sul pianeta.

Il Mondo del Basso è il luogo della conoscenza istintiva in cui dimorano i poteri animali, vegetali, minerali e tutte le entità connesse con i misteri terrestri. Qui si può ottenere aiuto e indicazioni per la vita materiale. Questo mondo è anche il luogo in cui gli uomini generalmente si dirigono dopo la morte fisica.

Il Mondo di Mezzo corrisponde sia alla nostra realtà ordinaria, sia a una sua trasposizione in chiave non ordinaria nella quale è possibile viaggiare avanti e indietro attraverso la storia dell'umanità. L'esplorazione di questo mondo consente di spaziare lungo i territori della realtà quotidiana per localizzare piante, oggetti, luoghi ideali, stabilire comunicazioni telepatiche, individuare fonti di disturbo, ecc. Il Mondo di Mezzo contiene inoltre entità intrappolate, rancori, e residui di vite passate con tutte le loro implicazioni presenti e future. Tale spazio è il punto di equilibrio generale del Sacro Cerchio: il luogo in cui ne dimora l'Intento, laddove si esprime la Funzione e la consapevolezza della nostra natura divina.

A grandi linee, in astrologia, il Mondo di Mezzo è rappresentativo dei sette pianeti tradizionali (Sole, Luna, Mercurio, Venere, Marte, Giove, Saturno), mentre quello dell'Alto è in relazione con Urano e Nettuno, e quello del Basso con Plutone. Tuttavia non esistono identificazioni esclusive poiché per ogni pianeta si ripropone la stessa divisione in tre parti.

La struttura verticale della cosmologia del Sacro Cerchio è rappresentata da questi tre mondi e dalla loro connessione per mezzo di un asse centrale. Questo asse è posto al Centro del Sacro Cerchio ed è conosciuto come asse verticale, Albero del Mondo, Montagna Cosmica, Albero della Vita dell'Eden, monte Meru, monte Sinai, piramide egiziana, *Yggdrasil*, ecc.

L'asse verticale è rappresentativo del percorso spinale attraverso cui scorre l'energia conosciuta come *kundalini*. Nella tradizione indiana quest'energia viene paragonata a un serpente femmina che giace arrotolato su di sé alla base della colonna vertebrale. Nella maggioranza delle persone rimane dormiente, mentre nei pochi che sono in grado di risvegliarla, l'energia kundalini sale verso l'alto passando attraverso tutti i chakra fino a raggiungere quello della testa. Tale conseguimento rappresenta l'illuminazione, la liberazione o reintegrazione del sé separato con il Tutto.

Durante il suo percorso la kundalini incontra la resistenza di blocchi e rancori condensati nei diversi chakra. In questi casi continua a esercitare una pressione (talvolta dolorosa) fino a quando il problema legato al blocco non viene liberato.

La struttura dell'asse verticale si riflette nello scambio tra le polarità della sommità del capo (testa) e della base della colonna vertebrale (pancia). Queste aree sono in relazione con forze che sfuggono alla comprensione dell'uomo comune: la dimensione celeste del Mondo dell'Alto e quella oscura del Mondo del Basso. La chiave di collegamento tra questi spazi, che è pure la chiave del loro mistero, è rappresentata dal Mondo di Mezzo e dalla sua corrispondenza alla zona cardiaca (cuore). Questo spazio funge da ponte tra Mondo dell'Alto e Mondo del Basso. È il luogo dove siamo venuti e in cui ci troviamo ora. Esso ci consente di operare come canali tra Cielo e Terra. È nel cuore che si gioca la vera partita dell'uomo: lo scambio equilibrato tra le polarità e non l'asservimento o la fuga verso una di esse.

L'ASSE ORIZZONTALE E I 12 SETTORI

Accanto all'asse verticale, rappresentato dai tre mondi, si estende l'asse orizzontale raffigurato da un cerchio con 4 direzioni o punti cardinali e 12 Settori. Ogni direzione è in allineamento con una stagione dell'anno, un elemento, tre Settori o segni zodiacali, varie divinità, animali, piante, minerali, colori, demoni, rancori, ecc.

Esistono diverse tipologie di Sacro Cerchio e ciascuna di esse possiede caratteristiche distintive. Le corrispondenze impiegate per identificare le direzioni mutano a seconda delle tradizioni. In questo testo impieghiamo il modello tipico di alcune ruote di medicina amerindiane e di varie tradizioni sia occidentali che orientali. Resta inteso che, per quanto ci riguarda, non esiste un modello giusto o sbagliato. In genere le corrispondenze cambiano in base alla natura geografica dei luoghi o alle caratteristiche locali dei venti. Per esempio, in certe terre il vento dell'Ovest è umido mentre in altre secco, per cui l'attributo di tale direzione diventa rispettivamente quello dell'acqua e della terra. Ciascun modello direzionale ha la sua saggezza o i suoi propri motivi di esistere e si articola in base alle energie di coloro che lo hanno definito. Di conseguenza è piuttosto futile impiegare argomentazioni tese a sostenere la superiorità di un modello rispetto a un altro.

Dividendo ogni direzione per 3, si ottengono 12 Settori. Ciascuno di essi rappresenta, oltre a un segmento temporale dell'anno solare, una specifica dimensione attraverso cui si può fare esperienza della nostra realtà fisica, emotiva, mentale e spirituale. L'espressione maggiormente conosciuta per identificare questa suddivisione per 12 è chiamata *Zodiaco*.

Lo Zodiaco è il simbolo universalmente più diffuso. In tutte le epoche e culture, lo si ritrova più o meno identico, e ovunque nel mondo è associato ai più importanti templi e luoghi sacri. Nella numerologia antica, il 12 rappresentava la struttura e il numero delle divisioni spazio-temporali, vale a dire il prodotto dei 4 punti cardinali per i 3 piani del mondo. Nelle tradizioni e nell'etnografia di ogni continente sono presenti numerosissime tracce della struttura dei 12 Settori impiegata un tempo nell'antichità. Gli Ebrei erano divisi in 12 tribù e il simbolo della città per eccellenza, la *Gerusalemme celeste*, viene descritta nei loro testi con 12 porte distribuite per 3 su ognuno dei 4 lati, in armonia con i punti cardinali e i segni zodiacali, ma anche con i 12 frutti dell'*albero della vita* e, come scrive Guénon, con i 12 aspetti solari e cioè i 12 *Aditya* della tradizione indù. Il 12 è inoltre ampiamente usato per suddividere gli stadi di iniziazione che gli aspiranti sciamani devono affrontare per risvegliare il loro potere. Le 12 fatiche di Ercole, i 12 riti di passaggio di molte culture tribali e i 12 stadi dello sciamanesimo celtico sono solo alcuni esempi di questi percorsi.

Le caratteristiche di ciascun Settore sono rappresentate in astrologia attraverso i simboli dei 12 segni, mentre nell'ambito di molte tradizioni sciamaniche vengono impiegati i *totem*. Il totem è un sensore energetico che attraverso una forma fisica (pianta, animale, minerale, ecc.) facilita la comprensione delle forze non fisiche. Poiché un totem rappresenta le proprietà di un'entità vivente, costituisce spesso un ausilio più diretto rispetto a un simbolo geometrico. L'impiego dei simboli è tipico delle tradizioni esoteriche occidentali che, a causa delle persecuzioni di cui furono oggetto, si trovarono costrette a impiegare un linguaggio più occulto. La sostanza tuttavia rimane la stessa allorché osserviamo che, così come nelle ruote di medicina tradizionali, ogni Settore è in relazione con un totem animale, anche la maggior parte dei segni astrologici possiede nomi animali, mentre il termine *Zodiaco* stesso viene tradotto abitualmente come *cerchio di animali*.

Una delle differenze tecniche più evidenti tra cerchio zodiacale e Sacro Cerchio è rappresentata dal fatto che nel primo i Settori si succedono in senso antiorario, mentre nel secondo si muovono in senso orario. I Sacri Cerchi sono legati in genere ai cicli stagionali della natura, mentre lo Zodiaco, poiché rappresenta la fascia immaginaria che circonda la Terra, è più in relazione con il Cielo e la misurazione del moto dei corpi celesti. Questa distinzione di prospettiva è sufficiente a evidenziare la diversità tra la visione spirituale delle tradizioni sciamaniche e quella delle filosofie o religiosità prevalenti nel mondo occidentale. La prima sembra favorire il trasferimento dello Spirito sulla Terra e l'osservazione dall'alto verso il basso. Nelle culture sciamaniche il Sacro Cerchio viene infatti *messo a terra* e ciò contribuisce a radicare l'energia celeste nella sfera terrestre. In realtà, secondo questa stessa visione, l'energia, una volta giunta a Terra, risale verso il Cielo e così via procede attraverso uno scambio continuo e indiscriminato tra le due dimensioni. Gli approcci spirituali prevalenti nel mondo occidentale privilegiano invece il processo di ascesa verso lo Spirito e l'osservazione dal basso verso l'alto. Purtroppo, negli ultimi tempi, questa enfasi ha finito con l'escludere il processo di discesa e si è trasformata in una tendenza unilaterale a ritornare al Cielo *dandosela a gambe* dalla Terra. Le concezioni spirituali degli ultimi millenni ci danno spesso informazioni su come fuggire da questo pianeta, laddove quelle delle culture sciamaniche ci insegnano che è necessario prima di tutto amarlo e diventare tutt'uno con esso. Come dice Ur Kraab: "Puoi ritornare da Padre Cielo solo se ti porti dietro Madre Terra".

IL SISTEMA ASTROSCIAMANICO DEI 12 SETTORI

Nell'astrosciamanesimo i 12 Settori rappresentano i diversi principi di espressione del Centro. Nel Centro la chiarezza è totale e non esiste alcun senso di separazione. In breve, il lavoro astrosciamanico consiste nell'intervenire su ogni Settore al fine di raggiungere l'accesso che porta al Centro. È un lavoro sistematico e ciclico che ognuno di noi inevitabilmente svolge. Alcuni si impegnano a svolgerlo in modo cosciente, mentre altri rimangono inconsapevoli. Ciascuno segue un suo preciso percorso di trasformazione con il quale non è possibile interferire. Non esiste alcuna urgenza e la scelta di accelerare il nostro processo di crescita spetta solo a ognuno di noi. In certe circostanze, tuttavia, la nostra anima arriva a usare qualunque mezzo, anche il più estremo, per costringerci a fare questa scelta.

Il vantaggio del sistema dei 12 Settori è che, oltre a essere antichissimo ed estremamente diffuso, costituisce ancora la struttura simbolica più comprensibile per la maggioranza di persone. Tutti – non importa il livello culturale, la razza o il fatto di crederci o meno – conoscono i 12 segni zodiacali. Similmente, pressoché ogni essere umano si riferisce ai 12 mesi dell'anno e guarda con frequenza un orologio composto da un cerchio di 12 numeri.

Gli antichi offrivano regolari sacrifici a ogni divinità e sapevano che, nel caso in cui una di esse fosse stata trascurata, questa si sarebbe presa ciò che le era dovuto anche in modo violento. In queste usanze, per quanto rozze possano sembrare, risiede la chiave di comprensione del lavoro con il Sacro Cerchio. Come scrive Thorwald Dethlefsen, "Il concetto 'sacrificare' significa dare spazio nella propria sfera di esperienza a un principio primo, integrarlo nella propria coscienza. I diversi principi esigono in tempi diversi dall'uomo che egli tenga conto dei loro diritti, che si confronti con loro ora e adesso. Chi si apre a questa richiesta e accoglie in sé la divinità per imparare a conoscerla, sacrifica a questa divinità e non deve temere niente da lei. Chi però al 'bussare' di una divinità risponde chiudendo la porta e non lascia entrare e non vuole conoscerla, può esser certo che sarà costretto a piegarsi e a farle dei sacrifici"[6]. E an-

[6] Thorwald Dethlefsen, *Il destino come scelta: psicologia esoterica*, Edizioni Mediterranee, Roma, 1984, pp. 95-96.

cora, nelle parole di Robert M. Stein, "La ricerca psicosomatica si è limitata quasi esclusivamente all'indagine del rapporto mente-corpo in termini di causa-effetto. In contrasto col modello casuale usato dalla moderna medicina scientifica, l'antico modello acausale della medicina teurgica ritiene che la malattia sia una conseguenza dell'azione divina. Uno dei fondamenti della medicina teurgica è che la divinità che infligge la ferita è allo stesso tempo sia la malattia che la cura. Lo scopo, dunque, non è quello di combattere il disturbo a livello di medicina allopatica, quanto piuttosto di stabilire una connessione, cioè una *giusta relazione col potere divino*"[7].

---

[7] Robert M. Stein, "Body and Psyche: An Archetypal View of Psychosomatic Phenomena", in *Spring*, 1976, citato in Stephen Arroyo, *Astrologia karma trasformazione: le dimensioni interiori della carta natale*, Astrolabio, p. 40.

3. L'Intento e la Funzione

Il termine *Intento* ricorre con notevole frequenza in questo libro poiché rappresenta un ingrediente di base del lavoro astrosciamanico. In questo contesto esso indica l'espressione più pura del nostro scopo nella vita, o in una certa situazione, così come risulta comprensibile nella realtà di separazione creata dall'ego. La definizione dell'Intento crea un campo di energia che consente di prenderci totale responsabilità e di attirare le forze di cui abbiamo bisogno. L'Intento è lo strumento di base per la trasformazione interiore quando si allinea con la Funzione, vale a dire allorché cessiamo di usare la volontà per alimentare l'ego e la impieghiamo per contribuire alla realizzazione del nostro effettivo scopo su questo pianeta.

Il termine *Funzione*, anch'esso ampiamente impiegato, si identifica qui con il *perdono*, inteso come rilascio, disfacimento o guarigione delle illusioni di separazione create dall'ego. Il perdono è il massimo fine perseguibile a livello umano e rappresenta, nelle parole di *A Course in Miracles*, la chiave per la vera felicità. In quanto tale, si tratta di un compito che si basa su una nostra scelta e che non dipende da Dio. "Dio non perdona perché Egli non ha mai condannato. E perché il perdono sia necessario, prima ci deve essere condanna. Il perdono è il più grande bisogno di questo mondo, ma lo è perché questo è un mondo di illusioni. Coloro che perdonano si liberano dunque dalle illusioni, mentre coloro che negano il perdono, si legano a esse. Così come condanni solo te stesso, è solo te stesso che perdoni" (*ACIM*, W73).

L'Intento è un requisito di base nei viaggi interiori e in ogni pratica spirituale poiché permette di rendere chiara la vera motivazione nell'intraprendere una o più azioni. In questo modo le forze evocate sono messe in condizione di operare. Il fatto che l'Intento debba essere collegato alla Funzione non significa che i loro contenuti sono gli stessi. Per l'astrosciamanesimo l'Intento è semplicemente ciò che, allo stato della nostra attuale consapevolezza, sentiamo onestamente di volere. Non importa di cosa si tratta, o se può sembrare banale o egoistico. Quello che conta è determinare con precisione ciò che si vuole e quello che si è disposti a dare in cambio. Quando siamo chiari e onesti riguardo l'Intento, e ci impegniamo sin dall'inizio a realizzarlo responsabilmente, i risultati non si fanno attendere. Qualsiasi lavoro genuinamente spirituale si fonda su questa premessa. L'ego non si impegna mai veramente perché prima di tutto non sa che cosa vuole. L'ego conosce solo ciò che non vuole, questa è l'unica cosa su cui è molto chiaro. E questo è il motivo per cui la maggior parte delle persone, continuando a pensare a quello che non vuole, perde di vista il proprio scopo nella vita e alimenta ciò che teme maggiormente.

L'aderenza all'Intento ci permette di confrontarci subito con la nostra operatività, di mettere in moto l'energia e di accettare di fare degli errori per poi correggerli in base allo sviluppo graduale della nostra percezione. Il pensiero è creativo e dà forma alla realtà della nostra vita. Le persone di successo conoscono il potere della mente e sanno come impiegarlo. Questo non vuol dire che il loro percorso sia necessariamente spirituale. Talvolta, se ci impegniamo, possiamo ricevere delle ricompense da parte dell'ego. Tuttavia, se ciò non ha nulla a che fare con la nostra vera natura, questi doni si dissolvono presto come nubi. A questo riguardo non esistono delle possibilità di valutazione uguali per tutti. Ciò che distingue l'Intento puro non è il suo contenuto, ma la disponibilità a collegarsi alla Funzione. È come pronunciare questa preghiera: "O Grande Spirito, la mia percezione è limitata e sono consapevole di non essere pienamente a conoscenza di ciò che voglio. Per quello che in questo momento percepisco della parte più luminosa che è in me, io sento che voglio... e sono pronto a darmi da fare per realizzarlo. Questo è il mio Intento che collego alla Funzione, a significare che, in qualsiasi momento, sono disposto ad abbandonarmi alla Tua volontà".

IL SISTEMA DELL'EGO

Solo noi stessi possiamo scegliere se usare il mondo per rimanere intrappolati in uno stato di paura, dove siamo vittime delle circostanze, o se considerarlo come un percorso di apprendimento, per raggiungere la pace interiore e ricordarci chi siamo veramente. Per favorire quest'ultima scelta, impieghiamo essenzialmente un unico strumento di liberazione: la Funzione del perdono. Attraverso la pratica del perdono, si lascia andare il passato e, con esso, tutti i pregiudizi, le paure e gli ostacoli che l'ego ha posto tra noi e la nostra natura divina. Dio è l'amore che è dentro di noi, la nostra vera fonte in cui ci riconosciamo come parte del Tutto. L'ego è il nostro io separato, fondato sulla paura e sull'illusione riguardo ciò che siamo veramente. Per meglio comprendere cosa si intende effettivamente per perdono, è necessario soffermarsi più a lungo sulla struttura dell'ego così come viene descritta da *A Course in Miracles*.

Il sistema dell'ego ruota attorno a tre concetti chiave: peccato, colpa e paura. Il *peccato* viene definito come *mancanza di amore* (*ACIM*, T11). Poiché, secondo *A Course in Miracles*, l'amore è l'unica realtà, il peccato non è un'azione negativa da punire, ma un errore o allucinazione da correggere. In breve, il peccato è il senso di separazione, la credenza, più o meno consapevole, di essere separati dagli altri e da Dio.

La conseguenza diretta e inevitabile del peccato è la *colpa*: un'esperienza di malessere dovuta a qualcosa di sbagliato che abbiamo fatto o a qualcosa di giusto che non abbiamo fatto. La colpa non si limita solo ad alcuni episodi della nostra vita, ma comprende anche tutto il nostro passato di emozioni, pensieri ed esperienze negative, sia consce che inconsce. È una sensazione di forte disagio che ci fa ritenere sbagliati e immeritevoli, un'inadeguatezza di base derivante dalla nostra credenza nel *principio di scarsità*, vale a dire la convinzione che dentro di noi manca qualcosa di fondamentale. È questa stessa credenza a provocare ogni tipo di sensazione spiacevole. Una caratteristica tipica del senso di colpa è che, una volta che lo sentiamo e ci crediamo, di riflesso iniziamo a convincerci che prima o poi riceveremo una punizione. Chi ha commesso un grave reato viene condannato o vive nel terrore di essere arrestato. Allo stesso modo, quando sperimentiamo la colpa, sentiamo intimamente di meritarci una punizione. La minaccia di questo castigo è all'origine di ogni tipo di *paura*. In breve, una volta che crediamo nel peccato, cioè di essere separati da Dio, passiamo direttamente dal peccato alla colpa, dalla colpa alla punizione, per arrivare infine alla paura, con tutta l'ansia e l'odio per noi stessi che ne deriva. Poiché crediamo di aver peccato contro Dio e di esserci separati da Lui, iniziamo a temere che sarà Lui stesso a punirci per quello che supponiamo di avergli fatto. Le nostre colpe e paure vengono proiettate su Dio, che si trasforma così nella classica figura punitiva che ci aspetta sulla soglia pronta a castigarci per i nostri peccati.

Il ciclo di peccato, colpa e paura, una volta messo in moto, crea una ripetizione continua, una specie di vortice da cui l'ego trae il suo vitale nutrimento. Sembra non esistere via d'uscita a questa situazione. La paura e lo sconforto che ne derivano sono terribili e per liberarsene l'uomo ha bisogno di aiuto. Il punto è che, fino a quando rimaniamo all'interno di questo vortice, non ci è possibile chiedere aiuto a Dio. Nel sistema dell'ego, infatti, è proprio da Lui che dobbiamo difenderci. Qui Dio è visto come un nemico e l'idea che Egli ci punirà per ciò che abbiamo fatto è la vera causa della nostra paura. Per trovare sollievo, l'unica strada aperta rimane quella dell'ego. La sua disponibilità a soccorrerci è subito evidente. Ovviamente, essa deriva da un'unica esigenza: quella di garantire la propria esistenza. *A Course in Miracles* definisce l'ego come quella parte della mente che crede nella separazione. Quindi, il lavoro di base dell'ego consiste nel farci credere che la separazione, e il conseguente ciclo di peccato, colpa e paura, sia un dato reale. Da questa credenza dipende la sopravvivenza dell'ego e su questa chiave si articola il suo intero sistema di pensiero. Finché crediamo nella colpa, l'ego può continuare i suoi giochi, e qualsiasi aiuto che ci giungerà all'interno di questo sistema servirà sempre a perpetuare la stessa colpa da cui ci vogliamo liberare.

La *repressione* è il primo aiuto che l'ego ci offre. Essa consiste nel prendere in blocco ogni sensazione negativa, spingerla giù nell'inconscio, e poi fare finta che non ci sia. In questo modo, non facendo apparire il problema, si dimostra che il problema non esiste. È la soluzione più popolare, anche se in genere regge per poco. Una parte di noi continua infatti a rendersi conto che il problema è rimasto. È come rinchiudere i rifiuti della casa in un'unica stanza. Per un po' di tempo funziona. Poi lo sporco, a forza di accumularsi, inizia a premere contro la porta e a emanare esalazioni insopportabili, finché arriva il momento in cui travolge l'intera casa. Lo stesso accadrà con la colpa che abbiamo represso. Per evitare questo tipo di inconveniente, l'ego fornisce uno strumento più sofisticato: la *proiezione*. Essa consiste nel prendere la colpa che abbiamo dentro e rovesciarla addosso a qualcun altro. In questo modo, la colpa che non vogliamo vedere in noi la vediamo in lui, lei o loro. È come scaricare i rifiuti domestici nella casa del vicino, per poi accusare quest'ultimo di essere sporco ed emanare odori sgradevoli. Il punto è che la proiezione è un sistema di smaltimento così istantaneo e segreto da farci dimenticare che siamo noi stessi ad avere prodotto i rifiuti che ora vediamo nella casa accanto. Qualcun altro diventa quindi responsabile per la miseria, la sofferenza, il dolore che c'è nella nostra vita. Non ha alcuna importanza chi è l'oggetto della proiezione. Può essere una persona, molte persone, un partito, una razza, una nazione, una religione o anche Dio stesso. Ciò che conta, per l'ego, è solo riuscire a trovare qualcuno su cui scaricare addosso la responsabilità per quello che abbiamo dentro.

La proiezione è il metodo più efficace impiegato dall'ego per liberarci dalla colpa. Ovviamente, è anche il modo migliore per trattenerla ed esaltarla. È un trucco dell'ego per farci sentire diversi dagli altri e per rinforzare così la nostra credenza nella separazione. In realtà, quando accusiamo qualcuno di essere la causa dei nostri dolori, a un certo livello, ci rendiamo conto che stiamo solo sfuggendo dalla responsabilità per la colpa e il rancore che proviamo verso noi stessi. Creando questa dinamica di aggressione, mettiamo in moto un circolo vizioso di colpa e attacco. Più ci sentiamo in colpa, più forte sarà il bisogno di negare questa colpa in noi stessi, per proiettarla all'esterno attaccando qualcuno. Più l'attacchiamo, più forte sarà la nostra colpa, perché intimamente sappiamo che l'attacco non è giustificato, e che in realtà stiamo solo aggredendo noi stessi.

Una forma più insidiosa di proiezione è quella che *A Course in Miracles* definisce *relazione di amore speciale*. Si tratta di una relazione che, pur apparendo molto diversa da quella precedente, è solo l'altra faccia della medaglia. Abbiamo visto come l'uomo, nel sistema dell'ego, non possa rivolgersi a Dio per ricevere aiuto e amore. Questa situazione lo fa sentire incompleto e genera il bisogno di trovare una persona speciale con cui potersi sentire bene. Si tratta di stabilire un accordo per cui, se qualcuno fa una tal cosa per me, allora io lo amo e, in cambio, posso fare qualcosa per lui. Quando le persone parlano di *amore ideale*, in genere, si riferiscono a questo tipo di rapporto. Una relazione destinata inevitabilmente ad alimentare il solito circolo vizioso di colpa e attacco. Da un lato, il rapporto soddisfa le mie esigenze, e questo mi fa sentire molto bene. Dall'altro, esso rinforza la mia dipendenza, il bisogno esclusivo che ho del partner e la paura di perderlo. E alla fine si ravviva il ricordo della colpa che inconsciamente ha causato la nascita della relazione stessa. Poiché è proprio la colpa che più di ogni altra cosa mi spaventa, e il partner me la fa ricordare, allora finirò con l'attaccare e odiare anche lui. A causa della colpa, tutte le relazioni speciali possiedono componenti di paura. Per questo motivo cambiano così di frequente. Quando in una relazione esiste paura, non c'è più spazio per l'amore e ciò che rimane è solo la colpa. In questo modo, sia nelle *relazioni di amore* come in quelle di odio, la colpa si ricicla di continuo, e ciò permette ancora all'ego di sopravvivere.

In breve, l'ego, dopo aver generato il ciclo di peccato-colpa-paura, ci fornisce mezzi di soccorso, come la repressione e la proiezione. Questi strumenti in realtà contribuiscono solo a rafforzare la situazione di dolore da cui pretendono di salvarci e ad alimentare un circolo vizioso che, a differenza del movimento a spirale del Sacro Cerchio, non consente alcuna via d'uscita.

LA FUNZIONE DEL PERDONO

La risposta al circolo vizioso innescato dall'ego è il perdono. A questo termine viene data una definizione diversa da quella a cui siamo convenzionalmente abituati. Qui *perdonare* non significa sentirsi superiori e tollerare chi ci fa del male. Questo è ancora un trucco dell'ego, il cui risultato è sempre quello di farci sentire separati e diversi l'uno dall'altro. Perdonare vuol dire correggere l'idea stessa che sia stato l'altro a farci del male. È un perdono per ciò che l'altro non ha mai fatto, non per quello che ha fatto.

Con il perdono, gli stessi strumenti usati dall'ego per intrappolarci nel mondo della separazione e della colpa vengono impiegati per liberarci. Attraverso la proiezione all'esterno su persone o situazioni, abbiamo la possibilità di vedere la colpa che è stata repressa in noi. È un'opportunità per osservare la colpa all'esterno, e poi renderci conto che essa è dentro di noi e che non esiste separazione tra interno ed esterno. In quest'ottica, le situazioni più difficili e dolorose della vita si trasformano in occasioni decisive che ci consentono di vedere ciò che altrimenti non vedremmo.

Il processo del perdono si articola in tre stadi. Il primo stadio consiste nel richiamare la proiezione dall'esterno per riportarla all'interno. Si tratta di usare il processo inverso dell'ego e di riconoscere che il problema non è all'esterno, ma è dentro. Il motivo per cui sono infelice è una mia responsabilità. Continuando a credere che le responsabilità sono al di fuori di me, proseguirò a impiegare le mie energie da altre parti alla ricerca di soluzioni impossibili. Il gioco dell'ego consiste proprio nel confonderci con una miriade di problemi apparenti al fine di impedirci di affrontare l'unico problema reale: quello della separazione. In questo modo, l'ego, superando un problema fittizio dopo l'altro, si rinforza sempre di più, mentre la nostra vera essenza viene meno.

Nel secondo stadio, accettiamo la nostra responsabilità e riportiamo la colpa nella nostra mente. Riconosciamo che essa è dentro di noi, la osserviamo, e ci rendiamo conto di aver fatto un errore di scelta. La colpa si rivela il risultato di una decisione presa nel passato: quella di considerarci figli dell'ego invece che figli di Dio, di credere nella paura invece che nell'amore. Una decisione che riguarda il passato, e che, nel presente, possiamo scegliere di cambiare. La consapevolezza del nostro potere di scelta è uno dei punti più importanti. La nostra stessa mente ha creato il mondo che percepiamo come reale, e solo essa può scegliere di cambiarlo.

Abbiamo fatto di tutto per costruire un mondo infernale sulla Terra, in cui l'estasi e la gioia sono miraggi o eventi passeggeri. Nonostante ciò continuiamo a insistere a rimanere attaccati a questo mondo e a fingere di sapere in che cosa consiste la realtà. Quando siamo disposti a perdonare, a lasciare andare il passato, la paura, le nostre idee distorte sulla vita, e a rinunciare al desiderio di separazione, ecco che il sistema dell'ego comincia a cedere.

A questo punto si inserisce il terzo stadio del perdono, di cui non siamo più responsabili. Non spetta a noi toglierci la colpa. Siamo intrappolati da ciò che noi stessi abbiamo creato e ci occorre un aiuto esterno.

Ma ora non siamo più preda dei falsi soccorsi dell'ego. Abbiamo scelto di ricercare subito un aiuto reale, invece di accettare soluzioni effimere o di aspettare di raggiungere una perfezione che non arriverà mai. In questo modo dimostriamo di essere pronti a ricevere l'aiuto di cui prima avevamo paura: quello di Dio.

Egli risponde con la rimozione della colpa e con il rilascio dei suoi effetti. Il vecchio sogno finalmente si dissolve per rivelare l'amore, la pace e la beatitudine che sempre erano stati presenti. Questo è ciò che *A Course in Miracles* intende per *miracolo*. Non significa moltiplicare i pesci o camminare sull'acqua, ma mutare in modo radicale la nostra percezione del mondo. "Perciò non cercare di cambiare il mondo, ma scegli di cambiare la tua idea riguardo il mondo" (*ACIM*, T445).

IL SOLE E LA LUNA

La Luna indica la notte, il buio, la parte femminile, il lato ombra, l'istinto, la passività, ciò che riflette, l'anima. Il Sole è il giorno, la luce, la parte maschile, il lato guida, la ragione, l'attività, ciò che crea, lo spirito. Il ciclo lunare descrive le fasi del rapporto tra i due corpi celesti così come viene visto dalla Terra. Da questa prospettiva essi sembrano entrambi muoversi intorno al nostro pianeta. Sole e Luna appaiono con dimensioni pressoché identiche, anche se quest'ultima, quando raggiunge la sua pienezza, riduce gradualmente la sua forma fino a scomparire del tutto, per poi aumentarla di nuovo e ritornare così al suo aspetto completo.

Il rapporto tra Sole e Luna è indicativo della relazione tra il nostro Intento e la nostra Funzione. L'Intento corrisponde in questo caso al Sole e rappresenta l'espressione della forza di luce che muove l'universo, la volontà creativa dell'individuo e la sua via di realizzazione. La focalizzazione sul Sole crea un campo di energia che consente di attirare le forze e il potere di cui abbiamo bisogno per esprimere il nostro Intento.

La Luna custodisce le memorie passate del processo di separazione ed evidenzia gli schemi ripetitivi che sono stati fecondati da quelle esperienze. Essa ci confronta costantemente con il nostro lato ombra, con ciò che abbiamo negato e con le nostre reazioni a riguardo. Di conseguenza ci pone di fronte alla scelta di applicare o meno la Funzione del perdono.

Quando la Luna è dominante, le circostanze esterne e gli attaccamenti al passato prendono spesso il sopravvento e fanno perdere di vista l'Intento e la Funzione. Si diventa vittime di schemi ripetitivi che, sebbene dolorosi e frustranti, offrono sicurezza e conforto in un mondo sconosciuto e pieno di pericoli. Quando il Sole prevale, l'Intento rischia di perdere la connessione con la realtà circostante e di essere sottomesso dall'ego.

Al di là del contenuto della nostra volontà (Sole), per liberarci e ritornare all'unità originaria è necessario fare i conti con le varie parti in cui percepiamo la realtà oggettiva. Questo insieme di parti (Luna) continua a ruotarci intorno, a turbarci con le sue apparenti diversità e a sconvolgere i nostri piani, fino a quando non viene totalmente riconosciuto e perdonato. La capacità di gestire il rapporto tra Sole e Luna determina la qualità della nostra vita sulla Terra. Per esempio, se guidiamo l'automobile per arrivare puntuali a un appuntamento (Intento) e troviamo la strada bloccata a causa di un in-

di queste sono basate sulla comunione spirituale, l'amore e il perdono, altre su miti di miseria, competizione, relazioni speciali, vendetta, e altri rancori. L'elemento di differenziazione nei rituali è dato dalla qualità dell'Intento: il seme di ogni pratica, sia che si tratti di solenni cerimonie religiose che di semplici attività quotidiane. L'Intento si esprime attraverso la mente e il nostro modo di pensare. La cosa più spiacevole a questo riguardo è che, senza rendersene conto, la maggior parte delle persone impiega buona parte del tempo per celebrare riti distruttivi. Questi riti non sono tanto quelli della magia nera o del satanismo. Tali pratiche sono inezie se confrontate con ciò che viene svolto abitualmente dalle persone cosiddette ordinarie. I riti distruttivi vengono celebrati ogni volta che alimentiamo la mente con pensieri di colpa, vendetta, separazione e altri rancori. Questi pensieri contribuiscono a rafforzare la credenza in una realtà negativa di cui fingiamo di essere vittime quando in realtà ne siamo i diretti creatori.

Le pratiche rituali del Sacro Cerchio ci consentono di fare esperienza di quel potere che è sempre in noi. Esse ci collegano con la nostra parte più autentica e con l'Intento di luce. Creando uno spazio sacro e uno stato di protezione, in cui non siamo preda delle paure e follie quotidiane, i rituali agiscono come catalizzatori di esperienze di luce che gradualmente possiamo estendere nella vita fino a farne l'elemento predominante. Queste esperienze sono frutto di una relazione sacra che creiamo con ciò che incontriamo durante i rituali (altri partecipanti, Guide, Spiriti, rancori, ecc.). Si tratta di relazioni in cui si dà e si riceve, in uno scambio alla pari che comporta il reciproco riconoscimento della nostra sacralità. In particolare, le situazioni di paura e rancore sono importanti poiché ci consentono di mettere in evidenza ciò che abbiamo bisogno di liberare. Nei rituali è in effetti questo il vero lavoro che siamo chiamati a svolgere: diventare consapevoli dei nostri rancori per poi liberarli e aprirci al miracolo che ne consegue.

I momenti ideali per un rituale sono in relazione con i ritmi della Terra e del sistema solare (stagioni, lunazioni, transiti planetari), e con quelli individuali o di gruppo (accordi, relazioni, nascite, morti, inizi di attività, ecc.). I giorni più significativi sono quelli corrispondenti a inizi di cicli stagionali (equinozi e solstizi), festività di mezza stagione, lune nuove e piene e ingressi del Sole in un segno.

IL SET DEL SACRO CERCHIO

La creazione dello spazio sacro è fondamentale per le pratiche rituali. Una delle funzioni di queste pratiche è proprio quella di renderci pienamente consapevoli della natura dello spazio che ci circonda. A questo riguardo non è necessario disporre di grandi spazi fisici. L'area del Sacro Cerchio, in virtù della sua sacralità, diventa rappresentativa di estensioni immense anche se è confinata in una zona di piccole dimensioni.

Nella sua forma fisica il Sacro Cerchio è in genere composto da pietre o altri materiali disposti circolarmente per terra. In passato i Sacri Cerchi venivano costruiti in aree di grande potere dove era possibile sentire intensamente le forze della Terra e del Cielo. Attraverso il continuo impiego, questi luoghi acquisivano ancora più potere e diventavano dei coni energetici in grado di apportare trasformazioni significative per chiunque si avvicinasse a essi con rispetto e devozione. Tra gli innumerevoli Sacri Cerchi esistenti un tempo sul nostro pianeta, molti sono andati perduti o sono stati ridotti al ruolo di attrazioni turistiche. Alcuni di questi luoghi potrebbero essere riscoperti e riattivati alle loro funzioni originarie. Tuttavia le concezioni e le norme prevalenti riguardo la gestione dei territori rendono spesso difficili queste operazioni. È quindi preferibile costruire nuovi Sacri Cerchi e, a questo riguardo, qualsiasi luogo o situazione, in cui è possibile operare indisturbati e nel pieno rispetto delle leggi in vigore, può servire allo scopo. Non ha molto senso aspettare di andare in luoghi remoti o con rare caratteristiche energetiche e rimandare così il proprio lavoro di trasformazione. Gli sciamani hanno una mentalità molto pratica e fanno di tutto per evitare rinvii e complicazioni. Se siamo disposti veramente a svolgere il lavoro, il luogo ideale possiamo trovarlo nella nostra casa o nel parco cittadino.

Il *Set del Sacro Cerchio* rappresenta il materiale di base per la costruzione del Sacro Cerchio e uno dei principali strumenti di potere. Per realizzarlo si impiegano 12 pezzi di cartone o legno (o 12 pietre, cristalli, pigne, ecc.) per i 12 Settori. Altri 5 pezzi di dimensioni differenti vengono usati per le 4 direzioni e il Centro. La qualità o il tipo di materiale impiegato non ha eccessiva importanza. Ciò che conta è che esso ti attragga o *parli* in qualche modo al tuo cuore. Se usi delle pietre, puoi acquistarle in un negozio o andarle a ricercare nella natura, rivolgendoti rispettosamente a Madre Terra per chiedere il permesso di prelevarle, avendo cura di non creare danni all'ambiente e lasciando un'offerta (semi di cereali, un proprio capello, ecc.) come ringraziamento.

Quando possiedi il materiale necessario puoi cominciare a predisporlo per il lavoro. Dapprima si attivano i pezzi corrispondenti alle direzioni e al Centro. In questo modo puoi disporre di una circonferenza completa con cui cominciare subito a svolgere le prime pratiche. In seguito, ogni volta che durante un viaggio si affronta uno dei 12 Settori, si procede ad attivare il relativo pezzo. L'attivazione consiste nel pitturare o disegnare il materiale in base alla propria intuizione e alle visioni ricevute. Si può anche semplicemente trascrivere il numero del Settore, il simbolo astrologico, dipingere le immagini di Spiriti, animali, piante, minerali, ecc., o fare collage usando ritagli da riviste. Se impieghi delle pietre, queste possono essere dipinte, incise o lasciate così come sono e attivate per mezzo di un rituale. Alcuni ricercatori usano un apposito telo che impiegano come base per il Sacro Cerchio. Le immagini e i segni dei Settori e delle direzioni sono talvolta dipinte o ricamate sul telo stesso.

Per rendere più efficace l'attivazione si può procedere nei momenti astrologici propizi al Settore su cui si lavora, o durante lune piene e nuove, equinozi e solstizi. Per attivare i pezzi del Set vi sono diverse possibilità, alcune complesse, altre molto semplici come: aprire il Sacro Cerchio, fumigare brevemente le pietre o soffiare su di esse. La cosa importante è non cadere in complicazioni e ricordarsi che il primo requisito essenziale è sempre l'Intento.

Una volta terminato ciascun pezzo, siediti di fronte a esso, porta l'attenzione al respiro e apriti a ciò che ti arriva. Dopo aver chiamato la Guida, puoi anche dialogare con lo Spirito del Settore, esprimere gratitudine, confidare bisogni o timori, cantare o danzare. Fai quello che ti viene spontaneo e prendi nota di ciò che accade. In qualunque momento, quando hai bisogno di rapportarti con quel Settore o di fare un viaggio al suo interno, puoi sempre posizionarti dinanzi a esso. È come andare a trovare un amico. Si tratta solo di ricordare l'indirizzo e imparare la strada. Il Set svolge questa funzione. Completati tutti i pezzi, dopo aver avuto un'esperienza per ciascun Settore, potrai disporre di un potente strumento e avrai realizzato la circonferenza di base per comporre il Sacro Cerchio o *cerchio sul pavimento*.

IL CERCHIO SUL PAVIMENTO

Uno dei metodi di lettura tipici dell'astrologia esperienziale e dell'astrosciamanesimo è quello del cosiddetto *cerchio sul pavimento*. Il tema natale viene riprodotto a terra in un ampio cerchio, e la persona in questione si sposta fisicamente al suo interno, sperimentando l'energia o le caratteristiche dei Settori. Nelle sessioni individuali si impiegano i pezzi del Set del Sacro Cerchio per rappresentare i 12 segni zodiacali e le 4 direzioni. Ulteriori pezzi vengono talvolta usati per identificare pianeti e case.

Non occorre conoscere l'astrologia per partecipare a queste sessioni. La comprensione intellettuale dei segni e dei pianeti è poco rilevante ai fini del lavoro. Ciò che conta invece è di essere disposti a contattare quella parte, dentro di noi, che di questi simboli ha una conoscenza innata e autentica. In genere, occorrono solo pochi minuti di silenzio, ed è sorprendente con quanta intensità vengano fuori emozioni ed esperienze e come esse stesse prendano forma, senza bisogno di descrizioni e interpretazioni. Per esempio, nella posizione di Marte o del Settore 1, molte persone sentono subito una grande forza, ritrovano i loro veri desideri, il coraggio di essere se stesse, riescono a esprimere ciò che hanno dentro, ad acquisire capacità d'iniziativa e autoaffermazione.

Il cerchio sul pavimento è uno strumento molto potente ed è necessario accedervi con rispetto e responsabilità. In particolare, è essenziale garantire che ogni ricercatore abbia sempre la possibilità di scegliere fino a che punto del viaggio inoltrarsi. Per esempio, se in un certo Settore qualcuno prova un forte senso di disagio, egli può sempre fare ritorno a una posizione più confortevole della carta natale o spostarsi nello spazio centrale riservato all'asse verticale. Questo spazio rappresenta il nostro centro di consapevolezza, il punto che aiuta a disidentificarci dai ruoli e dagli stereotipi dei segni zodiacali. Qui possiamo imparare ad accettare, comprendere e integrare i diversi aspetti del nostro essere, senza negarli, proiettarli o reprimerli. "Da questo punto centrale", dice Kabir Jaffe, un pioniere di questa tecnica, "ci si accorge di non essere alcuno degli aspetti della carta di cui si ha avuto esperienza. La carta non è altro che la psicologia della persona, la sua definizione. Ma in realtà noi siamo ben altro: testimoni, consapevolezza o qualunque cosa la si voglia chiamare... È questo il motivo per cui uso il cerchio sul pavimento: per disidentificarmi dalla forma, dal corpo, dalla mente e dalle emozioni. A mio vedere, lo scopo dell'astrologia è di disidentificare, o di andare oltre l'astrologia"[1].

---

[1] Osho Press Service, comunicato stampa n. 6/89, giugno 1989.

LA PROTEZIONE

Il lavoro con il Sacro Cerchio è inteso a toccare diverse parti del nostro essere. Alcune ci sono familiari, altre meno, altre ancora possono apparire pericolose. Una stessa pratica può provocare reazioni diametralmente opposte nelle persone. Quando si esplorano i Settori è facile incontrare, oltre a zone di estasi e bellezza, zone di disagio e repulsione. Di solito, in questi spazi, si nascondono lezioni importanti. Se, con le necessarie protezioni, riusciamo ad accedervi, possiamo ottenere risultati incredibili. L'utilità delle zone d'ombra è quella di tenerci lontano da situazioni che ancora non siamo in grado di affrontare. Il loro svantaggio è che spesso la paura verso l'ombra, e non verso ciò che esiste effettivamente, ci impedisce di accedere a esperienze importanti per la nostra crescita. È cosa buona rischiare, ma è anche importante non fare violenza a se stessi. In certi momenti occorre fermarsi e valutare cosa accade. Se una pratica provoca forti disagi o se non ci sentiamo abbastanza protetti, non ha alcun senso essere masochisti: possiamo evitare di continuare o chiedere esplicitamente protezione. Anche il più potente sciamano non muove un passo in una zona di pericolo senza l'aiuto della sua Guida Interiore. Ed è anzi proprio questa capacità di chiedere e ottenere aiuto che lo rende potente.

La prima lezione da imparare in ogni percorso spirituale è sempre la *protezione*. Prima di tutto, cerchiamo di essere onesti con noi stessi e di prenderci le responsabilità per le nostre sensazioni. Proviamo a lasciarle uscire, a esprimerle sia fisicamente che verbalmente. È normale avere paura. È umano essere arrabbiati, piangere, disperarsi, sentirsi timidi o bloccati. È altrettanto naturale come andare in bagno e mangiare. Purtroppo questi bisogni sono spesso repressi e mascherati da atteggiamenti della cui falsità non riusciamo neanche più a essere consapevoli. È assolutamente necessario trovare lo spazio e il supporto che può consentirci di esprimere questi stati d'animo senza fare del male né a noi stessi né agli altri.

Quando si lascia il mondo delle credenze ordinarie per avventurarsi alla ricerca delle realtà che dimorano dentro di noi, i nostri corpi fisici, emotivi, mentali e spirituali diventano vulnerabili. Ciò costituisce una minaccia per l'ego e provoca forti paure agli aspetti di condensazione del nostro essere. "La loro energia è molto densa ed è radicata nel mondo fisico. La loro funzione è di tenerci radicati al mondo fisico. Noi siamo esseri spirituali, e lasceremmo il corpo se non avessimo qualcosa che ci àncora mentre facciamo esperienza dell'incarnazione fisica. Eseguendo un atto di protezione, informiamo il nostro bambino interiore e il nostro ego che ci prendiamo cura di loro proteggendo il corpo fisico. Inoltre, ci sono molte forme di energie nei regni non fisici. Tutte queste energie possono essere d'aiuto al percorso della nostra anima. Tuttavia, alcune possono essere pericolose se non siamo in grado di impiegare il loro potere. Chiedere protezione significa assicurarsi che solo le energie appropriate al percorso attuale della nostra anima ci influenzeranno"[2].

L'APERTURA E LA CHIUSURA DEL SACRO CERCHIO

Vi sono diversi modi e strumenti per chiedere protezione, e lo stesso Sacro Cerchio svolge fondamentalmente questa funzione. È un utero di supporto che ci permette di sentire l'amore incondizionato e l'assistenza di tutte le forze che ci circondano mentre affrontiamo le prove del viaggio. Il Sacro Cerchio è di per sé sempre presente, ma poiché raramente ne siamo consapevoli, occorre adoperare delle procedure che consentono di portarlo all'attenzione. All'inizio di ogni pratica rituale è essenziale attivare questa memoria attraverso una cerimonia di apertura.

Le procedure di apertura corrispondono al momento in cui lo spazio sacro viene riconosciuto come tale. Il Sacro Cerchio è una dimensione vivente e tutte le sue componenti energetiche hanno la capacità di interagire e relazionarsi con noi. In un rituale entriamo in rapporto con la capacità naturale di rapportarci con queste energie. L'energia procede in genere attraverso movimenti circolari a spirale. L'apertura del Sacro Cerchio consiste spesso nel modellare l'energia nella forma di un doppio cono: il *Sacro Cono*. Dapprima si tratta di chiamare le quattro direzioni orizzontali (base del cono) e poi le tre direzioni verticali (gli apici dei coni e il Centro del cerchio comune di base).

Prima di iniziare la cerimonia di apertura, predisponi gli oggetti e i materiali necessari allo scopo e, se ti è possibile, procedi alla fumigazione. Per chiamare le direzioni puoi usare la voce, la danza, le mani, o un sonaglio, un tamburo, una campana, ecc. Una cosa importante da ricordare è che non si deve rinunciare all'apertura del Sacro Cerchio solo perché non si dispone degli strumenti necessari. L'unica cosa veramente indispensabile è sempre l'Intento.

---

[2] Davis-Wolfe, Thomson, "In the Beginning...", p. 18, in *op.cit.*

Se ti senti di farlo, puoi rivolgerti fisicamente verso ogni direzione. Molte tradizioni cominciano da Est, anche se questo non è obbligatorio. Batti le mani, i piedi, il tamburo o agita il sonaglio. Puoi anche usare una frase di saluto del tipo "Io chiamo lo Spirito dell'Est". Una volta che hai terminato con l'Est, spostati in senso orario verso le tre direzioni successive (Sud, Ovest, Nord) finché non le hai chiamate tutte. In seguito rivolgiti verso il Centro e inizia ad aprire l'asse verticale. Guarda in alto e chiama il Cielo o Mondo dell'Alto, poi tocca il suolo con le mani e chiama la Terra o Mondo del Basso, infine entra nello spazio del Centro: quello del Mondo di Mezzo. Questa procedura di apertura è già di per sé un lavoro di guarigione, poiché tende a compensare e armonizzare eventuali squilibri che puoi avere nel rapporto con i quattro elementi e i tre mondi dell'asse verticale.

Durante la fase di apertura, così come in altre occasioni rituali, può essere utile impiegare la frase: *tutti i miei parenti*. Si tratta di una formula, in uso a molti nativi d'America, che evidenzia la volontà di onorare tutti gli esseri e le persone, vicine e remote, che hanno avuto o stanno avendo un'influenza nella nostra vita. Queste relazioni – insieme a quelle del regno animale, vegetale e minerale – vengono considerate come rapporti di parentela. Siamo tutti parte della stessa unità e ogni relazione è un rapporto sacro di guarigione e insegnamento.

Quando hai concluso l'apertura del Sacro Cerchio, puoi iniziare il viaggio interiore, l'esplorazione del Settore, la pratica rituale o ciò che hai deciso di svolgere. Una volta terminato il lavoro, è necessario liberare le direzioni e chiudere il Sacro Cerchio. Tradizionalmente si procede rilasciando ciascuna direzione in senso antiorario.

LA FUMIGAZIONE E LA PURIFICAZIONE

La fumigazione o *smudging* è una procedura tradizionale di purificazione impiegata nella maggior parte dei rituali. Oltre a essere tipica delle culture sciamaniche, essa è impiegata nelle celebrazioni di numerose religioni. Attraverso questa pratica, si usa il fumo derivato dalla combustione di erbe o incensi per pulire l'energia di persone, luoghi od oggetti.

Il fumo è una sostanza eterica in grado di passare dalla sfera più densa dell'esistenza a quella più sottile. Il nostro corpo fisico è circondato da vari corpi sottili. La loro consistenza energetica viene definita da diverse tradizioni con il termine *aura*. L'aura è influenzata regolarmente dal contatto con agenti esterni e interni, così come il nostro corpo fisico è soggetto a sporcarsi o a subire alterazioni, sia attraverso il rapporto con l'esterno che come conseguenza di processi organici interni. Gli agenti che influenzano i corpi sottili sono di carattere emotivo, mentale e spirituale. La fumigazione consiste nel ripulire l'aura dagli agenti indesiderati così da rendere le persone, il luogo e le cose disponibili a operazioni rituali. È un modo efficace per disperdere emozioni, stati d'animo o pensieri che potrebbero essere di ostacolo e, allo stesso tempo, per attirare energie di supporto e protezione.

In genere, le erbe ideali da usare all'inizio sono salvia, lavanda o cedro. Altrimenti, qualunque altra erba o incenso, con un buon profumo e corrispondente all'energia del Settore che si intende attivare, può andar bene. Ciò che rende potente ed efficace l'atto di fumigazione è il nostro Intento. Le piante servono ben poco e addirittura possono avere effetti indesiderati, quando l'Intento non è chiaro o privo di connessione con la Funzione.

Una delle procedure classiche di fumigazione consiste nel mettere una porzione di erbe direttamente su un braciere o carboncino. Dopo aver rivolto un atto di ringraziamento verso la pianta e aver focalizzato l'Intento, si accende la fiamma. Se non possiedi le erbe in questione, puoi usare dei bastoncini o coni d'incenso naturali. Una volta acceso, il fumo viene rivolto nelle quattro direzioni, muovendolo tre volte verso ciascuna di esse, poi verso l'alto, il basso e il centro. In seguito, si lasciano passare le mani tra il fumo, strofinandole delicatamente come nell'atto di lavarle sotto una sorgente. Si può anche adoperare una penna di uccello facendola passare attraverso il fumo. Poi si pone il braciere vicino a sé e, usando le mani o la penna, si inizia a muovere il fumo verso il cuore, la testa e la pancia, quattro volte per ciascuna area. Infine il fumo viene riportato nuovamente davanti al cuore, il punto in cui si conclude la fumigazione. Oltre alle aree indicate, il fumo può essere rivolto anche verso altre parti del corpo, in direzione di oggetti di potere e persone.

È consigliabile procedere alla fumigazione di se stessi almeno due volte al giorno. Similmente, anche la casa e, in particolare, i luoghi di meditazione e gli oggetti di potere andrebbero puliti con regolarità. Oltre alla fumigazione, vi sono anche altre forme di pulizia dei corpi sottili, tra cui l'acqua e il suono. Di conseguenza anche una doccia o un bagno può tramutarsi in un rituale di purificazione.

L'acqua che scorre sul corpo porta via le impurità, i residui di energia e i rancori trattenuti dal nostro sistema. Anche il suono può essere impiegato con la stessa funzione: usando sonagli, tamburi o altri strumenti e lasciandoli suonare dalla testa fino ai piedi. Ogni elemento ha specifici strumenti per la purificazione. Per l'aria, oltre alla fumigazione di erbe e incensi, si possono usare ventagli, bandiere, campane, fischi, piume, dondoli, ecc. Per l'elemento terra: sabbia, pietre, cenere, cristalli, sale, gesso, farina, riso, ecc. Per l'acqua, oltre all'acqua stessa, da alcuni popoli vengono impiegati olio, saliva, sangue, sperma e urina. Per il fuoco: candele, torce, pire, braci ardenti, lampade a olio.

LA PRATICA INDIVIDUALE

Le pratiche astrosciamaniche sono momenti di forte catalizzazione energetica che consentono l'attivazione, il ricevimento e l'invio di grandi quantitativi di informazioni. Per incoraggiare questi processi e consentirne un effettivo radicamento nella vita quotidiana è importante dedicarsi regolarmente all'esplorazione del mondo interiore e individuare subito una pratica da svolgere una volta al giorno o almeno tre volte alla settimana. Come minimo, puoi accendere una candela o un incenso, purificarti, aprire il Sacro Cerchio, portare l'attenzione al tuo Intento e dedicarlo allo Spirito e chiudere il Sacro Cerchio. Non importa che tipo di procedura adotti, ciò che conta è che essa sia connessa al tuo Intento e che ti apporti piacere. Qualsiasi momento della giornata può essere adatto per le pratiche, anche se al principio è consigliabile stabilire orari fissi o momenti precisi (per esempio, al mattino dopo il risveglio o alla sera prima di coricarsi).

IL RITUALE DI BASE

Il *rituale di base* è una pratica tipica dell'astrosciamanesimo che può essere svolta sia in gruppo che individualmente. Essa comprende generalmente tre stadi cui corrispondono tre specifici Settori. All'inizio si procede con la fumigazione e l'apertura del Sacro Cerchio, poi si porta l'attenzione sull'Intento. I partecipanti cominciano in seguito a camminare in senso orario intorno al Sacro Cerchio. Dopo diversi giri, si fermano davanti a un Settore verso cui provano attrazione. Quel punto è in risonanza con il loro Intento e consente di assaporarne al massimo l'essenza. In genere si tratta del Settore più allineato con la volontà e i desideri della persona. Astrologicamente è talvolta in rapporto con il Sole, il Medium Coeli, l'Ascendente e i loro pianeti governatori. In quel punto ognuno è invitato a entrare nell'espressione più alta dei propri desideri e a focalizzarsi su ciò che vuole per sé e per gli altri. Si tratta, come per ogni altro stadio del rituale, di aprirsi a sensazioni, immagini, parole, suoni, o qualunque cosa si verifica, senza giudicare né premeditare. L'Intento, una volta maturato, viene in seguito espresso attraverso gesti, danza, espressioni verbali, canti, suoni o rimanendo immobili in silenzio.

Terminato lo stadio dell'Intento, i ricercatori iniziano a ruotare in senso antiorario. L'esternazione dell'Intento è destinata a evidenziare gli elementi di contrasto e a creare le basi per il secondo stadio: quello della Funzione. I partecipanti si lasciano di nuovo guidare verso un Settore. Quel punto è in risonanza con l'energia che richiede di essere liberata. Spesso corrisponde a limitazioni, blocchi, eccessi, problemi o grandi potenziali inespressi. Astrologicamente è talvolta in rapporto con la Luna, Saturno, l'Immum Coeli, il Discendente, il Nodo Sud, i punti medi, o i pianeti in situazione critica. L'energia di quel Settore si può evidenziare attraverso sensazioni, pensieri, emozioni, ricordi del passato, immagini di persone, o qualunque cosa si verifica in quel momento, non importa se di natura negativa o positiva. Il modo di esprimere l'energia è simile a quello usato nello stadio dell'Intento, anche se in questo caso è richiesta una partecipazione più intensa.

Il secondo stadio rappresenta il momento chiave del rituale. Qui ciascuno si apre a dare il suo contributo energetico per il sacrificio rituale. *Sacrificare* significa compiere un'azione sacra che, in questo caso, consiste nel liberare, o rinunciare a qualcosa per donarla agli Spiriti. Nell'astrosciamanesimo il sacrificio rituale è considerato come offerta dei rancori. Il *rancore* è qui inteso come ogni tipo di malessere fisico, emotivo, mentale e spirituale, incluso qualsiasi situazione o atteggiamento, anche di apparente benessere, che alimenta l'ego e il senso di separazione. Al contrario di ciò che comunemente si pensa, i rancori sono l'offerta preferita dagli Spiriti. Nelle attività di scambio con le realtà non ordinarie, essi rappresentano il materiale di maggiore valore. Ogni situazione in cui ne siamo carichi è sempre un momento di grande potere. "In quel momento", dice Ur Kuran, "ti trovi di fronte a una tremenda scelta. È la scelta decisiva che ha caratterizzato l'umanità sin da quando mosse i suoi primi passi... Sia che ne sei consapevole o meno, una parte di te sa bene quanto valore hanno i rancori. Per questo motivo, quando ne sei pieno, ti viene automatico trattenerli. Ma ogni volta che fai questo, tradisci la tua chiamata originaria e in te accresce il dolore. Si tratta inoltre di un atto scriteriato, poiché i rancori non ti apportano alcuna ricchezza se li tieni per te e nemmeno se li vendi sui mercati della Terra. Il loro valore traspare solo quando accedi all'asse verticale e ai mercati delle altre dimensioni. E puoi fare questo solo se ti rifiuti di continuare a custodirli o farli circolare sulla Terra... Il secondo stadio del rituale di base ti offre questa opportunità. Se, anche per un solo istante, hai successo in questa impresa, la gratitudine degli Spiriti giungerà traboccante a te"[3].

Nel terzo stadio, detto della Ricezione, i ricercatori, dopo essersi mossi in senso orario, si posizionano in un altro punto del Sacro Cerchio. Qui si tratta unicamente di ricevere e abbandonarsi a tutto quello che arriva come frutto del lavoro e del sacrificio precedente. Una volta che abbiamo offerto i nostri rancori agli Spiriti, possiamo aprirci a ricevere. La posizione scelta a questo proposito è spesso in rapporto con il Settore da cui si può ottenere maggiore energia. Per esempio, può essere il Sole, il Medium Coeli, un pianeta angolare, il Nodo Nord o un pianeta con caratteri *alieni* o *mutanti*[4]. Al termine, ciò che è stato ricevuto viene condiviso con ciascun ricercatore. Una volta concluso il rituale, è importante annotare e riconoscere i fatti salienti di ogni sequenza. È inutile cercare subito di interpretare o dare spiegazioni: occorre avere pazienza e consentire alle informazioni ricevute di essere elaborate e trovare spazio gradualmente nel nostro sistema.

GLI SPOSTAMENTI E LE POSIZIONI NEL SACRO CERCHIO

Vi sono molti metodi per spostarsi nel Sacro Cerchio e nessuno di essi può essere preso come modello unico di riferimento. Qua-

[3] Ur Kuran, traduzione di insegnamenti orali a cura dell'Autore.

[4] I caratteri *alieni* o *mutanti* sono potenziali di qualità non ordinarie o doti sciamaniche, identificabili attraverso la presenza dei pianeti lenti in alcuni punti chiave della carta natale. Il tema è trattato in: Edwin C. Steinbrecher, *The Inner Guide Meditation: A Spiritual Technology for the 21st Century*, Samuel Weiser; Franco Santoro, *Corso operativo di astrosciamanismo: testo guida al primo livello*.

lunque modalità di spostamento va bene nella misura in cui ci si muove e non si rimane radicati in una sola posizione. Per esempio, puoi muoverti in senso orario o antiorario, esplorando progressivamente ogni Settore e direzione, o puoi visitare i Settori di ciascun elemento o quelli in polarità. In quest'ultimo caso, secondo i ritmi di tempo preferiti, si visita dapprima una posizione per poi passare a quella esattamente opposta. Le posizioni in polarità si complementano l'una con l'altra e questo significa che, avendo esperienza di ciascuna di esse, si può creare lo scambio necessario per portare equilibrio e liberazione.

Negli incontri di gruppo del Sacro Cerchio, i ricercatori si siedono in un Settore specifico. All'inizio trascorrono qualche minuto respirando in silenzio. Il silenzio consente al gruppo di abbandonare il mondo delle chiacchiere e delle distrazioni per fare ingresso nello spazio sacro. In seguito, dopo la fumigazione, vengono invocati gli Spiriti attraverso canti, preghiere, musiche o danze. Al termine si impiega una forma di *consiglio* del Sacro Cerchio. A ognuno viene data la possibilità di esprimersi e ricevere attenzione totale. Ciò avviene in genere lasciando passare un *pezzo parlante*. Questo strumento – che a seconda delle occasioni può essere un bastone, una sfera di cristallo, una coppa con acqua, ecc. – svolge la funzione di identificare chi ha la parola e il potere di canalizzare l'energia in quel momento. In questo modo tutti gli altri ricercatori sono tenuti a rivolgergli la massima attenzione, senza alcun intervento o interruzione, fino a quando il pezzo parlante non sarà passato di mano. Chi tiene questo strumento, dopo aver detto il suo nome, può esporre una sensazione o un'idea, condividere esperienze, comunicare visioni, emettere suoni, fare dei gesti o rimanere in silenzio. Si tratta soprattutto di lasciare parlare il cuore, essere rispettosi dello spazio sacro e dell'attenzione di cui si è oggetto, ed esprimersi spontaneamente con chiarezza e concisione.

Quando i ricercatori si siedono nel Sacro Cerchio tendono a esprimersi, spesso senza accorgersene, sia a nome loro che secondo le modalità del Settore in cui sono posizionati. Ciò ha di solito effetti intensi ed esilaranti. Se un ricercatore desidera affrontare un varco e aprirsi a un lavoro di liberazione più diretto, può chiedere di entrare nella zona centrale. In questo modo egli può impiegare l'energia del Sacro Cerchio per ottenere supporto e guarigione. Se vi sono situazioni di blocco, chi è nel centro può rivolgersi verso un Settore o ricercatore in cui identifica, strategicamente o effettivamente, una dinamica da guarire, e interagire apertamente con lui. Se in quel Settore viene individuata una persona con cui vi sono problemi (un genitore, coniuge, partner, ecc.), chi è nel centro è invitato a esprimere ciò che sente. L'interlocutore può a sua volta replicare, così come le altre persone del Cerchio. In genere, se l'energia del gruppo è forte, si innescano processi di guarigione e trasformazione notevoli. Talvolta l'intero gruppo entra in comunione totale con chi si trova al centro e il processo di liberazione diventa così collettivo e unitario. In questo contesto iniziamo a comprendere che i nostri problemi hanno le stesse radici, e che possiamo aiutarci gli uni con gli altri, semplicemente esponendo l'energia che transita dentro di noi in quel momento.

Oltre alle sessioni di gruppo nel Sacro Cerchio, esistono altre possibilità per spostarsi nei Settori. Nella pratica individuale puoi formare un Sacro Cerchio usando l'apposito Set, sia fuori nella natura che in casa. Se non possiedi tale spazio o non sei in grado di impiegarlo in condizioni di protezione, puoi visualizzare un Sacro Cerchio con la mente ed eseguire gli spostamenti in quell'ambito.

Per trovare la propria posizione nel Sacro Cerchio si tratta spesso di muoversi attorno a esso finché non si è attratti da un Settore particolare. Per alcuni ciò può essere avvertito per mezzo di una vibrazione del corpo o di un magnetismo, per altri può trattarsi di un suono, colore, odore, luce, immagine, ecc. Talvolta, lo spostamento e la consapevolezza della posizione non necessitano della struttura convenzionale del Sacro Cerchio. Per esempio, se osservando il cielo vedi che le nubi hanno assunto la forma di un toro o di una freccia, questo può essere un segnale che la tua posizione in quel momento è connessa con il Settore 2 (Toro) o il Settore 9 (Sagittario). Similmente, mentre fai una passeggiata, puoi notare l'inconsueta presenza di animali, piante, minerali, situazioni o persone in relazione con un Settore. La stessa cosa può accadere durante sogni, visioni o qualsiasi momento della vita. Si tratta di stare all'erta, sempre pronti a raccogliere ogni segnale in grado di farci capire dove siamo e dove stiamo andando.

L'ASTRODRAMMA

Nei tempi antichi le rappresentazioni teatrali erano pratiche collettive di guarigione, mentre oggigiorno la loro enfasi sembra fondarsi più sull'intrattenimento o la distrazione. Nelle società contemporanee tendiamo ad abdicare completamente il nostro potere di drammatizzazione a pochi personaggi dello spettacolo, rinunciando così a una delle pratiche rituali più efficaci.

L'astrodramma è una tecnica tipica dell'astrologia esperienziale. Il suo scopo è quello di collegarci direttamente con l'energia dei pianeti e di riportare qualunque vicenda, sia personale che sociale, verso la sua originaria dimensione mitica. Con l'astrodramma la carta natale viene vissuta in forma drammatica e diventa un campo di espressione in cui ogni ricercatore interpreta o incontra direttamente le componenti del suo mondo interiore. A questo riguardo esistono numerose tecniche, alcune delle quali si ispirano allo psicodramma di Jacob Moreno, alle terapie gestalt, e a numerose pratiche rituali, come quelle delle tradizioni misteriche o del Sufismo. L'elemento di distinzione dell'astrodramma si fonda sulla possibilità di attingere informazioni direttamente dalla carta natale, sia per identificare attori o copioni, che per valutare gli effetti della rappresentazione. Questo approccio stimola l'energia creativa e consente di liberare le forze e i rancori che dimorano nell'oscurità del nostro essere. L'astrodramma permette, inoltre, di aprire i nostri canali e soprattutto quello del cuore.

"Quando il cuore è aperto", scrive Jeff Jawer, "accadono cose magiche. Quando ci allineiamo con il cosmo ci apriamo e diventiamo magici. Questa è l'astrologia dei nostri antenati. Non è limitata alla carta natale, ma è il ricordo stesso dell'unità dell'universo. Questa è l'astrologia che ci insegna che ciascuno di noi è tutti i pianeti e i segni. La nostra individualità è priva di senso senza queste connessioni. Quando il concetto di Saturno è solo quello del 'mio Saturno', io ne soffro, l'astrologia ne soffre, e il nostro mondo scivola ancora di più nel buio. La ricchezza dell'astrologia è la sua universalità. Ciascun pianeta ha almeno due volti per ognuno di noi. C'è il volto che incontriamo alla nascita che determina le nostre percezioni della realtà. Ma c'è anche il volto essenziale, l'energia pura di ciascun pianeta, perfetta in se stessa, un insegnante divino e un amico. Attraverso la nostra connessione con le essenze dei pianeti noi ci ricordiamo di questo. Aiutiamo a guarire la Terra e noi stessi. Allora 'Così sopra, così sotto' non diventa più la misura di una relazione distante, ma l'incarnazione di un'intimità con tutta la vita e la sua bellezza"[5].

Uno degli aspetti più stimolanti dell'astrodramma consiste nel

---

[5] Jeff Jawer, "Astrodrama", in Joan McEvers (ed.), *Spiritual, Metaphysical and New Trends in Modern Astrology*, Llewellyn, p. 145.

tradurre la carta natale in una rappresentazione teatrale in cui sono coinvolti tanti attori quanti sono i pianeti. Di solito vi sono tre tipologie di ruoli: *regista* (il ricercatore stesso la cui carta natale viene rappresentata), *attori* (i ricercatori che interpretano i ruoli dei pianeti o degli Spiriti) e *facilitatore* (l'insegnante o l'organizzatore del gruppo). L'operatività congiunta di questi ruoli permette di realizzare uno spettacolo di astrodramma o, come lo definisce Barbara Schermer, un *Oroscopo Vivente*[6]. L'astrodramma può articolarsi attraverso le seguenti fasi:

1) Dapprima i ricercatori osservano la carta natale oggetto della rappresentazione, identificando gli elementi chiave e i temi di base, prendendo nota di eventuali transiti, ecc.

2) Il regista inizia poi ad assegnare i ruoli dei pianeti agli attori, o chiede a questi ultimi di esercitare loro stessi la scelta.

3) Il regista, insieme al facilitatore, esprime l'Intento dell'astrodramma. Si tratta qui di identificare un obiettivo o una situazione su cui impostare il lavoro. Questa fase è essenziale perché funge da filo conduttore per tutta la rappresentazione. Il regista fornisce istruzioni chiare agli attori e comunica loro un messaggio preciso riguardo ciò che desidera ottenere.

4) Una volta che l'Intento è stato stabilito, il facilitatore può inserirsi per valutare, insieme al regista, l'ambientazione e la scena.

5) Gli attori che interpretano i pianeti si sistemano in cerchio secondo la disposizione planetaria della carta natale del regista, ed entrano in sintonia con l'energia in questione. A questo scopo si possono usare anche appositi travestimenti o trucchi.

6) Ciascun attore inizia a recitare il suo ruolo presentandosi brevemente. In seguito l'astrodramma si sviluppa con improvvisazioni che seguono l'Intento stabilito dal regista. Si possono creare scene di dialogo o azione tra i pianeti coinvolti da aspetti o transiti, e ogni tipo di situazione teatrale. In questa fase, se gli attori si lasciano andare, si verificano spesso momenti di grande intensità.

7) La rappresentazione termina con una scena finalizzata a creare unità e sostegno verso il regista. L'astrodramma si conclude sempre con una scena di luce. Ad esempio: uno o più pianeti possono esprimere parole di amore e supporto, o l'insieme dei pianeti può stringersi in un abbraccio fraterno attorno al regista.

8) Segue una condivisione e un esame della carta natale.

---

[6] Barbara Schermer, *Astrology Alive! Experiential Astrology, Astrodrama and the Healing Arts*, The Aquarian Press, pp. 68-74.

Una versione astrosciamanica di astrodramma si pratica nel Sacro Cerchio. Il regista si sistema al Centro, portando l'attenzione all'Intento. Gli altri ricercatori effettuano un viaggio interiore nel Settore in cui si trova il pianeta a loro assegnato. Durante questo viaggio essi incontrano lo Spirito Totem di quel pianeta e ricevono informazioni o strumenti da usare in seguito nella rappresentazione. Al termine l'astrodramma procede come un lavoro di guarigione. I pianeti si esprimono con movimenti, contatti, danze, o cantando, dicendo poche parole, usando suoni e frasi nella lingua dello Spirito che viene interpretato.

LA DANZA

All'inizio la danza non era una forma di espressione artistica a uso di pochi esperti e nemmeno un'esibizione della propria agilità o bellezza fisica. Essa veniva impiegata per creare un'estasi in cui il danzatore, abbandonando l'ego e ogni forma di controllo, si lasciava andare e dava spazio al suo movimento. "L' essenziale è perdere se-stessi", dice Osho. "Come lo fai, o dove, non ha importanza. Perditi semplicemente. Viene un momento in cui tu non sei più, eppure la danza continua... come se tu fossi posseduto"[7]. Chiunque sia capace di muovere almeno un arto del suo corpo può danzare. È un'operazione interiore, priva di alcuna finalità di esibizione per l'esterno, in grado di rivelare sensazioni e visioni oltre i limiti del tempo e dello spazio.

La danza rappresenta uno dei modi più efficaci per comunicare le proprie sensazioni e per dare espressione alle nostre reali motivazioni. Come dice Zorba (Nikos Kazantzakis) "quando non riesco a trovare parole per esprimere ciò che intendo dire, mi alzo e danzo"[8]. Nell'astrosciamanesimo, con la danza si invitano i Settori a entrare dentro di noi per consentirci di recuperare pezzi di anima perduti e ritrovare l'esperienza dell'estasi.

Nell'astrosciamanesimo ogni Spirito Totem, così come ciascun segno zodiacale, ha la sua propria energia, e attraverso la danza e il movimento possiamo entrare profondamente nelle sue modalità di espressione e ottenere una chiara comprensione della sua essenza.

---

[7] Osho Rajneesh, *Il libro arancione*, Edizioni Mediterranee, Roma, 1983, p. 92.

[8] Citato in Schermer, *op.cit.*, p. 53.

L'obiettivo è quello di aprirsi agli Spiriti, alle stelle, ai pianeti e alla Terra, di chiedere a essi di entrare dentro di noi per attivare il ricordo della nostra antica comunione con loro. Danzando fisicamente i Settori, entriamo nel loro ritmo, ci allineiamo con la loro energia e la indirizziamo verso il nostro Intento di luce. È uno dei modi più potenti per collegare Cielo e Terra, o spirito e corpo, e per liberare i potenziali degli aspetti o dei transiti astrologici che maggiormente ci influenzano nella nostra vita. Specifici movimenti, ritmi e musiche connessi con ciascun Settore possono facilitare questo processo.

È importante essere consapevoli che nell'astrosciamanesimo la danza, oltre a essere intesa come rituale o atto sacro, funziona come pratica di scambio. In questo contesto, offriamo la nostra energia attraverso il movimento fisico e la partecipazione totale di tutti gli altri corpi (emotivo, mentale, spirituale). Diamo ciò di cui disponiamo: emozioni, vitalità, pene, dolori, energia sessuale, follia, e tutto quello che è presente in quel momento, fino a creare quel vuoto necessario affinché possiamo veramente ricevere. Avendo dato ciò che eccede, come offerta alle forze, siamo in condizione di ricevere i doni necessari alla nostra crescita e guarigione.

Prima di iniziare la danza, rimani per qualche minuto con i piedi paralleli alle spalle e respira consapevolmente. Proclama il tuo Intento, chiama la Guida e rivolgiti a un Settore. Chiedigli di farti sentire la sua forza e invita la Guida ad equilibrare ogni eventuale eccesso o disarmonia. Chiudi gli occhi o indossa una benda. Quando la musica parte, consenti al tuo corpo di allinearsi al ritmo e lasciati andare liberamente. Presto comincerai a sentire l'energia specifica di quel Settore. Con la pratica, individuerai anche il percorso per arrivare a essa. Si tratta di un'energia ben definita, che puoi sentire concretamente e a cui puoi accedere quando vuoi. Conclusa la danza, ringrazia e congedati dal Settore. Trascorri poi qualche minuto in uno stato di immobilità, seduto o eretto, portando l'attenzione al respiro. Invita la Guida a equilibrare il tuo sistema e a renderlo pienamente accessibile alla vita quotidiana. Riporta la tua esperienza nella realtà ordinaria trascrivendo alcuni appunti sul tuo diario o disegnando la tua danza.

5. Il viaggio interiore

Il viaggio interiore, o viaggio sciamanico, rappresenta da tempi immemorabili uno dei metodi più antichi e diffusi di ricerca spirituale. Con questo tipo di esperienza sciamani, maestri, uomini di conoscenza e altre menti illuminate si sono spostati nelle realtà interiori per svolgere il loro lavoro di guarigione. Nell'astrosciamanesimo i viaggi avvengono nell'ambito di specifiche collocazioni territoriali rappresentate dai mondi e dai Settori. Il viaggio in questi spazi può comportare la copertura di distanze più o meno lunghe, e diversi livelli di organizzazione e preparazione. Alcuni territori sono familiari o alleati, altri sono ignoti o pericolosi e richiedono uno spirito diverso da quello del semplice visitatore. In questi casi è necessario acquisire un'adeguata preparazione.

Nell'astrosciamanesimo esploriamo dimensioni in cui la capacità di visualizzazione, la consapevolezza dei nostri corpi (fisici, emotivi, mentali, spirituali), l'aderenza all'Intento e il rapporto con la Guida Interiore sono paragonabili all'agilità fisica o all'abilità tecnica nel mondo materiale. La preparazione comprende inoltre l'acquisizione di informazioni sulla geografia dei territori che sono oggetto del viaggio.

Ognuno può impiegare con sicurezza i viaggi interiori a condizione che segua attentamente le istruzioni e che non abbia gravi problemi fisici o psicologici. Se non ci si sente a proprio agio nel procedere da soli, si può chiedere l'assistenza di un facilitatore competente o partecipare a specifici seminari. Anche se questo lavoro si fonda sull'esperienza e non richiede la conversione a particolari sistemi di credenze, è necessario essere consapevoli che stiamo operando con spazi poco conosciuti e forze estremamente potenti. È importante rendersi conto che i viaggi interiori non sono fantasie o semplici esercizi di immaginazione creativa. Le situazioni e gli esseri contattati in questi spazi sono reali quanto qualsiasi esperienza della vita ordinaria. Ognuno può prendere parte a questo lavoro come fosse un gioco ed è libero di dare a ciò che incontra l'importanza che ritiene opportuna. Allo stesso tempo, se intende giocare con integrità, è necessario che si impegni a conoscere e rispettare le regole del gioco.

Per quanto riguarda i viaggi interiori esistono numerose modalità operative. Secondo la nostra esperienza e quella di molte tradizioni, è importante considerare una serie di indicazioni. Prima di iniziare a svolgere le pratiche, ti preghiamo di leggerle con attenzione. Inoltre, ti consigliamo di rivederle ogni volta che incontri difficoltà nel lavoro interiore.

INDICAZIONI DI BASE PER I VIAGGI INTERIORI E LE ESPLORAZIONI DEL SACRO CERCHIO

1) Nei giorni precedenti il viaggio occorre evitare ogni tipo di droga, sostanza superalcolica o psichedelica, mentre nelle ore prima è meglio rimanere a stomaco vuoto o mangiare poco. Durante i viaggi è necessario mantenere sempre un collegamento con l'ambiente circostante e il proprio corpo, indipendentemente dal livello di alterazione della coscienza raggiunto. Le esplorazioni delle realtà non ordinarie, anche se lo possono sembrare, non sono affatto esperienze *fuori dal corpo*. Esse sono intimamente collegate con l'essenza materiale del corpo che, ben lungi dall'essere trasceso, viene percepito secondo una prospettiva più ampia e profonda. Nel corso dei viaggi si partecipa attivamente impiegando tutti i sensi. Si tratta di sentire l'ambiente in cui ci si muove rimanendo nel corpo e guardando con i propri occhi. Se ti rendi conto di essere poco presente o di guardare l'immagine di te stesso, ritorna nel corpo e mantieni il punto di visione dei tuoi occhi. Limitarsi a osservare una scena senza essere coinvolti è utile solo se si intende prendere le distanze da un'esperienza troppo intensa. Se invece si vuole intervenire direttamente e apportare trasformazioni effettive, occorre partecipare attivamente.

2) È importante iniziare e finire i viaggi con specifiche sequenze di apertura e chiusura. Esse indicano il momento di entrata e uscita, e consentono di sviluppare maggiore sensibilità ai processi di alterazione della coscienza e una loro agevole integrazione nella realtà quotidiana. Un impegno fondamentale a cui attenersi è quello di ri-

tornare sempre di propria volontà alla realtà ordinaria. Le pratiche sciamaniche sono finalizzate ad apportare conoscenza e guarigione sulla Terra, non a creare ulteriori evasioni o allucinazioni. Se si impiega una cassetta sonora per viaggi sciamanici, si tratta di rientrare quando inizia la sequenza di chiusura. La durata dei viaggi varia generalmente da 15 a 40 minuti. All'inizio è preferibile non andare oltre o al di sotto di questi tempi.

3) Per facilitare la concentrazione e la distensione necessarie si impiega in genere il tamburo sciamanico, il sonaglio o altri strumenti in grado di generare le lunghezze d'onda cerebrali associate ai sogni e agli stati di trance. Questo non significa tuttavia che tali strumenti siano indispensabili. Il ritmo monotono del tamburo è efficace perché emula il primo effetto sonoro che il feto umano incontra nella vita: quello del battito cardiaco materno. Inoltre, il tambureggiamento riduce le interferenze della mente, facilita il processo di manifestazione della visione e segnala la sequenza di chiusura del viaggio. Per riprodurre il suo suono si possono adoperare apposite registrazioni e un apparecchio provvisto di cuffie.

4) Prima di cominciare è sempre buona regola prepararsi adeguatamente: aspetta di essere calmo e assicurati che il luogo sia confortevole e che nessuno ti disturberà per l'intera durata della pratica. All'inizio, un fenomeno frequente è che, proprio nell'imminenza o nel corso del viaggio, l'ambiente circostante si scatena: il telefono squilla, qualcuno suona alla porta, il cane abbaia, ecc. È quindi necessario prendere le massime precauzioni al fine di evitare ogni possibile interferenza. Per creare la giusta energia puoi spegnere la luce e accendere una candela, circondarti di oggetti sacri, fumigare l'ambiente e aprire il Sacro Cerchio. Queste indicazioni servono per rendere più agevole l'immersione in uno spazio rituale. Ciò che conta è mantenere sempre un atteggiamento di semplicità e usare solo ciò che risuona profondamente all'interno.

5) Assumi una postura di tuo gradimento che consente di tenere la spina dorsale eretta (sdraiato supino su un tappeto, seduto su una sedia o per terra, ecc.). Chiudi gli occhi o coprili con una benda. Rilassa gradualmente ogni parte del corpo, respira profondamente e poi focalizza l'attenzione sull'Intento. Questo momento preliminare è il più importante di ogni viaggio in quanto consente di chiarire le proprie reali motivazioni. Esso può trovare espressione nella forma di una domanda, un'affermazione, una posizione del corpo, sentimenti di devozione o amore, gesti rituali, canti o parole a voce bassa o alta. Calma il tuo stato d'animo formulando chiaramente un Inten-

to di luce e concentrati su di esso ripetendolo più volte. Definisci l'Intento con un atteggiamento di rispetto, ma non con sottomissione. L'Intento è un momento di potere in cui esprimi la tua volontà di conoscenza e fornisci l'impostazione di base per dirigere il lavoro interiore. Chiarendo le tue motivazioni, crei un campo magnetico che attrae a te le forze di cui hai più bisogno in quel momento. Questa pratica canalizzerà l'energia che impiegherai nel viaggio e rappresenterà la tua migliore garanzia di protezione.

6) Una volta stabilito l'Intento, si tratta di esprimerlo in modo risoluto e prepararsi a ricevere le risposte. Sii aperto e lascia andare pregiudizi o aspettative su quello che scoprirai durante il viaggio. È necessario avere fiducia nella Guida o in qualunque altra definizione dello Spirito a te cara e coltivare la certezza che questa risponderà. Non si tratta di sforzarsi di arrivare dove si vuole andare, ma di spiegare prima con chiarezza il proprio Intento, e poi lasciarsi trasportare verso la meta desiderata. Questo significa mantenere l'equilibrio tra un atteggiamento in cui la mente ha presente la destinazione e tiene d'occhio il percorso e un atteggiamento sempre aperto a un cambiamento di destinazione, nel caso in cui l'energia sembri condurre da un'altra parte. Quello in cui ti prepari a ricevere la risposta è un momento chiave. Mantieni uno stato rilassato di attenzione e stai all'erta poiché ciò che arriva segue procedure piuttosto inconsuete per la mente. Allo stesso tempo, evita di irrigidirti e non diventare troppo serio. Rimani con il cuore aperto e leggero di un bambino che sta giocando con totalità. Se perdi concentrazione o inizi a vagare con la mente, riporta l'attenzione all'Intento, al ritmo del suono di accompagnamento e alle procedure della struttura che hai scelto di usare per il viaggio.

7) Nei viaggi interiori è importante applicare due tipi di attitudini fondamentali. La prima è quella di impegnarsi a usare una determinata struttura, mentre la seconda consiste nell'aprirsi a ricevere e riconoscere ciò che ne deriva. I viaggi nelle realtà non ordinarie non sono molto diversi da quelli nella realtà quotidiana. Per esempio, se vuoi andare da Roma a Milano, puoi scegliere diversi mezzi di trasporto (treni, auto, moto, aerei) e itinerari (ferrovie, autostrade, strade statali, rotte aeree). Per ognuno di essi vi è una serie di procedure obbligate che occorre seguire per arrivare senza problemi a destinazione. Se usi l'auto e l'autostrada, si tratta di riempire il serbatoio, accendere il motore, guidare secondo le norme di circolazione, imboccare l'autostrada, uscire al casello giusto, pagare il pedaggio, ecc. Similmente, nei viaggi interiori, è necessario essere chiari ri-

guardo le modalità di spostamento che si impiegano e impegnarsi ad applicarle fedelmente. In caso contrario si rischia di andare da un'altra parte o di ritrovarsi sempre nello stesso punto. Se l'obiettivo è di incontrare per la prima volta la Guida Interiore, esistono varie procedure di viaggio. Una di queste è presentata nel capitolo 6. Se decidi di usarla, si tratta di seguire quelle indicazioni. In seguito puoi impiegare il secondo tipo di attitudine che consiste nell'aprirsi al viaggio. Mentre la prima attitudine esige un preciso impegno (quello di usare un mezzo e un itinerario specifico), la seconda richiede la disponibilità a riconoscere ciò che si incontra durante il viaggio (paesaggi, situazioni, entità, Guide, Spiriti, ecc.).

8) Qualsiasi tentativo di analizzare, giudicare o spiegare razionalmente quello che accade nei viaggi, può comportare la riduzione o l'annullamento dell'intensità dell'esperienza. I parametri di giudizio, o meglio pregiudizio, della mente ordinaria sono solo un ostacolo in questo lavoro. Se ci sono stati di confusione, è importante portare l'attenzione sul corpo. Se la mente interferisce ed esprime giudizi, o se arrivano pensieri e immagini che non c'entrano per nulla con il viaggio, puoi riconoscerli dicendo: "Sì, ho sentito" e invece di intrappolarli nella mente, permettere a essi di andarsene liberamente. Evita di irritarti in questi casi e anzi prova a usare la creatività per trovare espressioni che ti consentono di aumentare l'intensità della partecipazione o di aggirare le interferenze. Esempi: "Ti ringrazio di essere venuto qui, ma ora sono impegnato e ho un Intento ben preciso. Non appena avrò terminato, mi occuperò di te". Quando arrivano immagini potenti e significative, e senti la voce della mente che dice "Stai inventando tutto!", prova a rispondere "Inventando tutto da dove?" e continua pure a *inventarti tutto*[1]. È normale per la mente convenzionale considerare queste esperienze come invenzioni e non dare a esse alcun risalto. Uno sciamano domanderebbe: "Ha avuto effetto, ha funzionato, ha guarito qualcosa in te o negli altri?". In caso di risposta affermativa aggiungerebbe: "Allora, cosa c'è di male se credi di averlo inventato?".

9) Per diversi ricercatori è talvolta difficile riuscire a vedere alcunché durante i viaggi. Anche se nella nostra cultura la vista ha assunto un ruolo privilegiato, occorre sempre ricordarsi che esistono anche gli altri sensi. Se non vedi nulla, evita di sforzare la vista e ri-

---

[1] Edwin C. Steinbrecher, *The Inner Guide Meditation: A Spiritual Technology for the 21st Century*, Samuel Weiser, p. 73.

corri piuttosto all'udito, l'olfatto, il gusto e le sensazioni del corpo. Il tuo canale visivo si aprirà nella misura in cui dai spazio a quei sensi che per te sono più attivi nelle realtà non ordinarie. A volte in un viaggio *non accade nulla* semplicemente perché si hanno delle aspettative riguardo ciò che dovrebbe succedere e non si è disponibili ad accettare quello che sta veramente accadendo. In questi casi ne deriva presto confusione, insofferenza o perdita di concentrazione. Se l'attenzione viene meno, riportala all'ultimo momento in cui era presente. Non rimproverarti quando ti distrai ed evita di giudicare la tua esperienza di viaggio, perché in questo modo finirai sicuramente con l'interromperla. Nel lavoro interiore, l'attesa paziente è una necessità operativa essenziale. Attendere significa lasciare che l'esperienza si sviluppi spontaneamente invece di controllarla. Quando ti distrai o senti preoccupazione perché apparentemente non succede nulla, prova a pregare o a recitare dentro di te alcune parole di potere, un canto sacro, i termini che identificano il tuo Intento, ecc. Abbi fiducia nell'esperienza che vivi e nel tuo modo particolare di muoverti nelle realtà non ordinarie. Prendi nota delle percezioni inaspettate e dai loro fiducia. Tali percezioni compaiono spesso all'inizio del viaggio e in modo intermittente man mano che si prosegue. In genere sono occultate perché vengono scacciate dal pensiero che si tratti di qualcosa di futile, di inventato o privo di senso.

10) Nelle realtà non ordinarie usanze e circostanze possono essere molto diverse da quelle delle realtà a cui sei abituato. Quando esplori direttamente il mondo interiore inizi a sviluppare le basi di un nuovo linguaggio. È necessario fare attenzione a messaggi, segni, immagini, sensazioni, non importa quanto strani o banali possano apparire. All'inizio, forse, capirai ben poco, poi in seguito, prendendone nota, farai scoperte incredibili e ti renderai conto chiaramente della grandezza del mistero che esiste nel tuo mondo interiore.

11) Il viaggio viene affrontato solo e unicamente con l'ausilio della Guida Interiore (vedi capitolo 6). La sua funzione è quella di guidarti lungo i percorsi ignoti del mondo interiore, per ridurre al minimo i disagi, operare da interprete, protettore e consigliere. È importante farsi accompagnare sempre dalla Guida. Visitare il mondo interiore da soli può essere pericoloso. Dopo che nei primi viaggi hai contattato la Guida, non è più possibile perderla. La Guida è sempre presente. Si tratta solo di chiamarla e di dargli il permesso di essere lì. Talvolta, nelle prime fasi del viaggio, le resistenze dell'ego creano blocchi inoffensivi sotto forma di buio, nebbia, mostri o conoscenti che cercano di distrarti. È preferibile non fare caso a ciò

che incontri prima di aver contattato la Guida. Una volta che l'hai incontrata, non ci sono più pericoli e puoi aprirti al viaggio. Quando ti senti confuso o non sai cosa succede, puoi chiederle delle spiegazioni. In qualsiasi circostanza rapportati e rimani sempre con la Guida.

12) Durante i viaggi può sembrare talvolta che la Guida o le entità che incontri rimangano in silenzio e si rifiutino di rispondere a un tuo quesito. Questa è spesso un'indicazione che l'ego sta attivando i suoi blocchi per evitare di sentire, o per manipolare, ciò che la Guida ha da dirti. In questi casi, invece di interpretare arbitrariamente che cosa significa quel silenzio, è necessario insistere e dare espressamente il permesso alla Guida di comunicare. L'atto di dare il permesso e l'insistenza consente di aggirare i sistemi di difesa dell'ego e crea le condizioni per il dialogo con la Guida. In genere la Guida non interferisce mai con la nostra esperienza e non dà informazioni a meno che esse non vengano richieste espressamente. Inoltre non esprime giudizi, e si astiene dal fare previsioni sul futuro o dall'impressionarci con manifestazioni a effetto dei suoi poteri.

13) Non lavorare mai nel mondo interiore con o su persone conosciute della tua vita esteriore a meno che tu non abbia avuto il loro espresso permesso nella realtà ordinaria. Se una figura conosciuta ti appare durante un viaggio, chiedi che assuma la forma energetica che rappresenta nel tuo mondo interiore. Considera quindi quella forma insieme alla tua Guida e rifiutati di interagire con la precedente.

14) Dopo il viaggio è importante prendere subito appunti riguardo i momenti salienti dell'esperienza. La trascrizione di queste informazioni è di per sé una potente pratica spirituale poiché consente di legittimare il rapporto con il mondo interiore, di dare a esso valore, e di rendere l'esperienza disponibile per valutazioni future. Quando ti rendi conto di aver ricevuto insegnamenti o consigli importanti dal viaggio, fai in modo di manifestarli concretamente nella vita quotidiana. Dando valore ai contenuti dei primi viaggi, puoi dimostrare di essere maturo per esperienze più profonde.

15) I viaggi interiori fanno parte della tua essenza più intima e, di conseguenza, appartengono a una dimensione difficilmente comprensibile per i canoni della vita cosiddetta ordinaria. È vitale quindi parlarne solo con persone che siano in grado di apprezzarle e comprenderle. Essere riservati riguardo tali esperienze e condividerle solo durante gli incontri con altri ricercatori o persone sinceramente interessate al tuo benessere, consente di prenderti cura del tuo spa-

zio sacro, di rafforzarlo e di sfuggire i condizionamenti dell'ego. La riservatezza riguardo le esperienze di altri ricercatori è ovviamente altrettanto essenziale.

16) Quando ricevi informazioni e consigli dal mondo interiore e dalla Guida, questi non devono essere accettati ciecamente. Le vere Guide danno sempre buoni consigli, ma può accadere di fraintenderne i messaggi o ricevere indicazioni da guide false. È importante essere cauti e accertare la fondatezza di ogni messaggio.

17) Momenti di resistenza, paura, confusione, crisi o stranezza fanno parte integrante di ogni forte esperienza di trasformazione interiore. Rimani consapevole di quanto ti capita, ma evita di giudicare queste situazioni o di identificarti con esse. Il viaggio verso il mondo interiore costituisce una seria minaccia per l'ego e per tutte le idee fisse che abbiamo di noi stessi. La chiave della crescita spirituale consiste nell'avere il coraggio di provare sensazioni di resistenza o paura, passare attraverso di esse e poi fare un salto di apertura verso le benedizioni che attendono oltre la soglia. Le situazioni di apparente malessere diventano così momenti di massimo potere che consentono di mettere a fuoco l'Intento e di rafforzare una scelta di pace e benessere.

18) Sii consapevole dei tuoi risultati nei viaggi. Se, dopo aver provato varie volte, incontri ancora forti difficoltà, domandati che cosa ti potrebbe accadere di male in caso di successo. Considera con attenzione questa domanda anche se sei sicuro di volere ottenere dei buoni risultati. Alcune persone credono di non essere degne di viaggiare nelle realtà non ordinarie o si sentono in colpa perché sentono di fare qualcosa di proibito, altre temono di perdere il controllo o di dover rinunciare a certe loro sicurezze. È necessario fare un attento esame dei propri condizionamenti e delle credenze di disturbo. Se ci rendiamo conto che sono ancora in armonia con la nostra visione della vita, allora è preferibile rinunciare ai viaggi interiori. In caso contrario, si tratta di riconoscere che hanno fatto il loro tempo e, con questa consapevolezza, rimettersi fiduciosi al lavoro.

SEQUENZA DI APERTURA E CHIUSURA PER IL VIAGGIO INTERIORE

Le modalità per iniziare e chiudere un viaggio interiore variano a seconda degli individui e delle tradizioni. Alcune sono molto conosciute rispetto ad altre, ma questo non significa che abbiano una maggiore efficacia o che sia necessario impiegarle in modo esclusivo. Una delle sequenze più popolari funziona come segue. Dopo aver oscurato l'ambiente, mantenendo accesa una candela o una piccola lampada, ti sdrai supino sul pavimento. Gli occhi sono chiusi e coperti con il braccio sinistro o una benda. Inizi poi a visualizzare l'ingresso di una caverna, un buco nella terra, la cavità di un albero o una qualsiasi apertura che può fungere da accesso. Una volta entrato, ti muovi lungo un tunnel fino a raggiungere un punto che conduce all'aperto, a contatto diretto con la realtà non ordinaria. La sequenza di chiusura consiste nel lasciare il luogo in cui ti trovi, ripercorrendo all'indietro lo stesso itinerario fino ad arrivare all'ingresso da cui eri partito. Questa procedura ricalca il modello insegnato dall'antropologo Michael Harner e si ispira alle tradizioni degli Jivaro dell'Ecuador. Altre modalità, ugualmente efficaci, comportano posizioni del corpo e sequenze differenti. L'antropologa Felicitas Goodman, per esempio, ha studiato e praticato più di cinquanta di queste posizioni[2].

La sequenza di apertura e chiusura che segue è solo uno dei numerosi modelli che permettono di viaggiare nel mondo interiore. Le sue procedure si ispirano al lavoro descritto in questo libro e vengono applicate per le esplorazioni dei 12 Settori.

1) Prima di iniziare assicurati di aver letto e compreso le informazioni fornite nelle *Indicazioni di base per i viaggi interiori e le esplorazioni del Sacro Cerchio* all'inizio di questo capitolo.

2) Procedi all'Apertura del Sacro Cerchio (vedi capitolo 4, *L'apertura e la chiusura del Sacro Cerchio*). Se disponi del Set del Sacro Cerchio, puoi sistemarti vicino al pezzo corrispondente alla direzione Est o al Settore del tuo Ascendente.

3) Applica i punti 5 e 6 delle *Indicazioni di base per i viaggi interiori e le esplorazioni del Sacro Cerchio* di questo capitolo.

4) Immagina e senti dinanzi a te un ingresso (accesso di caverna, porta di castello, apertura di tenda, cavità di albero, ecc.). Poiché i viaggi interiori partono sempre dalla realtà ordinaria è preferibile che questo punto di entrata sia un luogo esistente sulla Terra e da te visto realmente almeno una volta nella vita. Cerca un luogo che ti

---

[2] Felicitas D. Goodman, *Where the Spirits Ride the Wind: Trance Journeys and Other Ecstatic Experiences*, Indiana University Press; Belinda Gore, *Ecstatic Body Postures: An Alternate Reality Workbook*, Bear & Company; Franco Satpathi Santoro, "Le posture estatiche di trance sciamanica", in *Alpha Dimensione Vita*, anno III, n. 18.

doni tranquillità, piacere o desiderio di esplorazione. Impiega tutti i tuoi sensi nel percepire questa entrata e guardala per qualche minuto, osservando ogni dettaglio. Poi inizia a entrare.

5) Una volta entrato, immagina le pareti interne del luogo. Sii consapevole dell'ingresso da cui sei appena entrato e inizia a muoverti. Fai il più possibile attenzione ai tuoi sensi. Cerca di capire se il luogo è caldo, freddo, umido o secco. Senti i piedi con tutto il peso del corpo sul suolo. Porta l'attenzione al tipo di suolo e nota l'aria, i colori, i suoni dell'ambiente e ogni tipo di impressione che giunge ai tuoi sensi. Assicurati di osservare e sentire questo ambiente mentre sei nel tuo corpo e guardi con i tuoi occhi.

6) Allontanati dall'ingresso e muoviti in avanti lungo un tunnel. Vai alla ricerca di un accesso, porta o punto di luce che ti conduce fuori all'aperto. Se durante il percorso incontri degli ostacoli, giragli intorno, volta a sinistra o passa per una fenditura. In genere è molto semplice trovare questo accesso. Una volta che lo hai individuato, per i viaggi successivi non sarà necessario ripetere la ricerca e basterà seguire lo stesso percorso.

7) Passa attraverso l'accesso. Quando sei all'esterno, senti nuovamente il tipo di suolo sotto i tuoi piedi e continua a osservare con i tuoi occhi. Guarda l'ambiente in cui ti trovi e sii il più presente possibile. Da qualche parte, vicino a te, inizia a vedere una vasta estensione su cui sono disposte circolarmente 12 pietre con al centro un Grande Albero. I confini di questo spazio sono delimitati da 4 grandi pietre direzionali. Si tratta del tuo Sacro Cerchio interiore: il luogo in cui puoi ritirarti ogni volta che hai bisogno di ricevere energia e protezione. La sua importanza è simile a quella che riveste la tua abitazione nella vita ordinaria. Qui puoi riposarti e sentirti al sicuro, lavorare spiritualmente, equilibrare le tue energie, incontrare la Guida ed entrare in rapporto con il tuo Intento di luce. Il Sacro Cerchio interiore è inoltre la base per tutte le esplorazioni delle realtà non ordinarie. È come una stazione che ti collega a ogni direzione sia di questo che di qualsiasi altro mondo o tempo. Esso agisce anche da camera di decompressione e consente di passare agevolmente da un mondo all'altro. Le 12 pietre che delimitano il Sacro Cerchio rappresentano l'accesso a ognuno dei 12 Settori. Dai punti in cui si trovano, una volta che avrai contattato la Guida, potrai in seguito partire per le esplorazioni interiori.

8) Avvicinati al Grande Albero e osserva attorno a te tutte le pietre del Sacro Cerchio. Fai attenzione a ciò che provi e permetti di sentirti pienamente a tuo agio. Chiedi al Grande Albero di liberare i

tuoi rancori e di darti in cambio il supporto e l'energia di cui hai bisogno. Siediti accanto al Grande Albero o abbraccialo. Lasciati nutrire dalla sua forza e apriti a un'esperienza di comunione con lo spazio in cui ti trovi. In seguito si tratterà di chiamare la Guida e di partire per l'esplorazione interiore. Ci occuperemo di questi aspetti nel prossimo capitolo. Per ora, limitati a congedarti dal Grande Albero e inizia la sequenza di chiusura.

La sequenza di chiusura è molto più veloce di quella di apertura. Si tratta di lasciare il Sacro Cerchio e di ritornare all'accesso che immette all'interno del tunnel. Si segue poi all'indietro lo stesso itinerario fino al punto iniziale d'ingresso.

6. La Guida Interiore

Nell'astrosciamanesimo il lavoro di base si fonda sul contatto con la Guida Interiore e sullo sviluppo o mantenimento di questa relazione. Il rapporto con la Guida, ben lungi dall'essere accessibile solo a persone dotate di facoltà particolari, è un'esperienza alla portata di chiunque ne abbia il sincero desiderio. Non è un lavoro difficile, in quanto questo contatto è sempre esistito e si tratta solo di diventarne consapevoli, recuperarne la memoria e riconoscerne le chiavi di identificazione. L'aspetto più complesso del rapporto con queste entità è rappresentato proprio dalla sua estrema semplicità. "Viviamo in un mondo in cui ci viene insegnato che una cosa, per avere valore o significato, deve essere difficile e richiedere molto tempo per la sua realizzazione... La Guida aspetta ognuno di noi a volte anche per una vita intera. La nostra credenza che il piano materiale esterno abbia più valore e realtà di quello interno blocca il nostro contatto con la figura della Guida personale. Le Guide sono così facili da raggiungere che ci siamo dimenticati in che modo farlo. Nel passato la relazione con la propria Guida Interiore era forse così scontata che nessuno ha mai pensato di scrivere qualcosa su come realizzarla"[1].

Le esperienze della Guida variano a seconda delle tradizioni e dei lignaggi spirituali, per cui non si tratta di aderire a un particolare modello, ma di aprirsi semplicemente alla modalità che la Guida impiega per comunicare con noi. Seppure i punti di vista in questo campo sembrano essere discordi, in sostanza gli effetti pratici di tale esperienza sono sempre gli stessi.

Da un punto di vista puramente psicologico, la Guida è rappre-

---

[1] Edwin Steinbrecher, *The Inner Guide Meditation: A Transformational Journey to Enlightenment and Awareness*, The Aquarian Press, pp. 61-62.

sentativa di qualità positive che sono state represse o separate dalla mente conscia durante la vita. L'integrazione, in questo caso, avviene attraverso il recupero di queste componenti e il confronto analitico con la figura su cui esse vengono proiettate. Un altro approccio considera le Guide come disgiunte dalla storia personale dell'individuo e corrispondenti a figure archetipiche dell'inconscio collettivo. Nei suoi *Ricordi, sogni, riflessioni* Jung descrive i rapporti con alcune Guide, tra cui Filemone. "Nelle mie fantasie conversavo con lui, e mi dìceva cose che io coscientemente non avevo pensato, e osservai chiaramente che era lui a parlare, non io. [...] A volte mi sembrava reale proprio come se fosse una persona viva. Passeggiavo con lui su e giù per il giardino, ed era per me ciò che gli indiani chiamano come un *guru*"[2]. Questo tipo di relazione con la Guida descritto più approfonditamente da autori come Edwin C. Steinbrecher, dimostra come è possibile accedere alla propria saggezza interiore in modo diretto e senza dipendere da figure esterne (analisti, maestri, guru, sacerdoti, partner, ecc.).

Nello spiritualismo, secondo la visione di molti medium, tra cui Edgar Cayce, le Guide sono considerate come entità ben definite che, vissute un tempo sulla Terra, hanno ora il compito di aiutarci spiritualmente. In genere si ritiene che questo aiuto faccia parte del loro stesso percorso di crescita e che la relazione tra uomini e Guide sia intesa ad apportare benefici reciproci. È possibile avere rapporti con più Guide: alcune hanno specifiche responsabilità o mansioni, mentre altre appaiono saltuariamente o per periodi determinati. Solo una di esse rimane sempre al suo posto. A questa Guida viene dato spesso il nome di *angelo guardiano* o *custode*. È una Guida permanente che funge da collegamento tra la realtà terrestre dell'individuo e il mondo dello spirito e delle realtà non ordinarie, una sorta di *guardiano della porta* tra i due mondi. Tale Guida controlla i rapporti con altre Guide o Spiriti. Nelle recenti evoluzioni dello spiritualismo, tra cui il *channeling* e il *contattismo*, le Guide, come esse stesse tengono spesso a precisare, si esprimono con linguaggi, messaggi e strutture di riferimento che appaiono diversi solo perché si adattano al livello di consapevolezza di chi li riceve.

Le caratteristiche astrologiche della Guida corrispondono spesso al tema natale domificato a partire dalla nona casa. La cuspide

---

[2] Carl Gustav Jung, *Ricordi, sogni, riflessioni di C.G. Jung*, Rizzoli, p. 226.

della nona casa, il segno in cui si trova e i pianeti a essa congiunti sembrano in genere identificare l'aspetto e i modi di fare della Guida soprattutto all'inizio, quando siamo nelle prime fasi del rapporto.

In *A Course in Miracles* la Guida è identificata nella figura dello Spirito Santo. Esso viene definito come "la risposta di Dio all'ego" e "l'idea della guarigione" con "il compito di cancellare ciò che l'ego ha fatto" (*ACIM*, T79). Lo Spirito Santo è considerato come una sorta di ponte tra l'illusione e la realtà, tra la paura e l'amore, una forza di trasformazione che opera all'interno della nostra coscienza per guidarci verso una percezione estatica della vita.

Secondo la tradizione di riferimento dell'astrosciamanesimo esistono diverse tipologie di Guide. La prima distinzione è quella tra *Guide verticali* e *Guide orizzontali*. Le Guide verticali sono in numero di tre e rappresentano le figure tutelari di base. Ognuna di esse è associata a uno dei tre mondi dell'asse verticale. Quella che comunemente consideriamo in questo testo viene denominata *Guida Interiore* o *Guida del Mondo di Mezzo*. Con l'assistenza di questa Guida, collocata presso il centro del cuore, è possibile operare con sicurezza nelle realtà non ordinarie. Le *Guide orizzontali* o *Guide ausiliarie* sono figure con specializzazioni che corrispondono alle 4 direzioni, ai 12 Settori e a ulteriori suddivisioni dell'asse orizzontale. Il loro compito è quello di guidarci nell'ambito di specifici territori o aree di competenza e di fornirci assistenza nello sviluppo dei relativi talenti. Esse appaiono spesso all'inizio dei viaggi nei Settori per accompagnarci o scortarci nel luogo in cui dimora lo Spirito Totem. Ulteriori distinzioni tra Guide riguardano la loro natura, l'età o l'aspetto. Questo può riferirsi al regno animale, vegetale, minerale, e a qualsiasi altro oggetto o forma percepibile a livello umano.

L'INCONTRO CON LA GUIDA INTERIORE

Quando ci si prepara a incontrare la Guida per la prima volta, è importante evitare di rendere la cosa difficile pensando di non esserne all'altezza. La Guida può essere contattata attraverso un'ampia varietà di pratiche, sia spontanee che volontarie, come meditazione, viaggi interiori, canto, danza, preghiera, sogni, ecc. All'inizio, onde evitare confusione, è preferibile seguire una procedura specifica. L'esempio che segue serve solo a fornire un modello per coloro che contattano per la prima volta la Guida. Questa procedura si ispira al lavoro di esplorazione dei Settori del Sacro Cerchio. Essa non costituisce un processo obbligato e può essere sostituita da una struttura più adatta alla persona in questione.

1) Inizia impiegando l'intera sequenza di apertura descritta nei punti da 1 a 7 della *Sequenza di apertura e chiusura per il viaggio interiore* (vedi capitolo 5).

2) Una volta che ti trovi nel Sacro Cerchio, avvicinati al Grande Albero posto al centro e chiama la tua Guida Interiore. Concentrati sull'obiettivo di incontrarla e dagli il permesso di mostrarsi a te. Se ti distrai e non vedi più il Sacro Cerchio, ritorna al momento in cui l'hai visto per l'ultima volta e ricomincia da quel punto ad aprirti nuovamente all'incontro con la Guida. Se chiami la Guida e gli dai il permesso di venire da te, la vedrai immediatamente. Talvolta essa si trova proprio accanto al Grande Albero.

La Guida può apparirti in vari modi (persona, animale, luce, sfera, ecc.). Chiedile di assumere una forma umana e ricevi la prima immagine che ti arriva. Qualora incontri difficoltà e non riesci a vedere nulla, chiama un animale (non domestico) e chiedigli ti condurti nel punto in cui si trova la Guida.

3) Quando ti appare una figura, osservala in tutti i suoi particolari cominciando dai piedi. A meno che essa non si mostri direttamente, evita di insistere nel cercare di vedere a tutti i costi il suo volto. Spesso, all'inizio, il volto della Guida è raramente visibile. Domanda se si tratta della tua Guida e se ha il potere di proteggerti nei viaggi interiori. In genere, dopo questa richiesta, una Guida autentica risponde affermativamente usando le parole o un semplice cenno del capo. La Guida è inoltre distinguibile perché provoca subito sensazioni molto forti di amore, protezione e supporto incondizionati. Se non provi accettazione totale e amore, sei probabilmente con una guida falsa. Secondo alcune tradizioni, una Guida si riconosce inoltre come autentica quando viene vista almeno tre volte durante uno stesso viaggio.

4) Allorché hai ricevuto la conferma di essere dinanzi alla Guida, chiedile di prendere entrambe le tue mani nelle sue o di abbracciarti, e dalle il permesso di farti sentire i suoi sentimenti per te. Apriti più che puoi a questo contatto energetico e percepiscilo con tutti i tuoi sensi. Se invece non hai avuto alcuna conferma, prova a guardare sulla destra e dai il permesso alla Guida di mostrarsi a te. Invitala apertamente e rilassati. Continua ancora fino a quando ricevi la conferma di essere dinanzi alla tua Guida.

5) Comincia a fare conoscenza, fai domande e chiedile il suo nome. Esso sarà il primo nome che ti giunge. Accettalo così come ti arriva, anche se può sembrare strano. Ricordalo e la prossima volta che decidi di incontrarla, usa semplicemente quel nome.

6) Quando hai terminato, saluta e ringrazia la Guida. Usa la sequenza di chiusura per il viaggio interiore indicata nel capitolo 5.

7) Fai tre profondi respiri, prendi contatto con la terra, senti pienamente il tuo corpo e l'ambiente circostante. Prendi nota dei fatti salienti dell'esperienza.

Nei giorni successivi continua a relazionarti con la Guida. Una volta che l'hai contattata, si tratta di mantenere e approfondire il rapporto. Puoi chiamarla usando il nome che ti ha dato o ritornare nello stesso punto del Sacro Cerchio in cui l'hai vista per la prima volta. A ogni tuo incontro con la Guida, prima di rivolgere domande o ascoltare le sue risposte, dedica qualche minuto per stabilire un rapporto energetico. Per esempio: puoi porre la tua mano destra nella sua mano sinistra e permetterle così di ricevere le tue energie in eccesso. In questo modo, ti liberi dei blocchi e delle condensazioni di rancore che ostruiscono i tuoi canali.

Ricorda sempre che per contattare la Guida non occorre assolutamente essere puri, immacolati o raggiungere chissà quali livelli di vibrazione spirituale. Se fossimo in tali stati non avremmo affatto bisogno di questo contatto. Molte persone rinunciano a incontrare la loro Guida solo perché non si sentono bene o credono di aver fatto qualcosa di *negativo* per cui non sono degne di un tale rapporto. Al contrario, è proprio quella la condizione migliore per relazionarsi con le Guide. Il dono più bello che puoi dare loro sono i tuoi rancori e tutte quelle energie che creano malessere nella vita quotidiana. È questa la natura dello scambio che si instaura con le Guide. Uno scambio alla pari in cui da un lato dai le tue energie in eccesso e dall'altro ricevi quelle risorse di cui sei privo e che nelle Guide invece abbondano. Così, dopo che hai donato i rancori alla Guida, crei quel vuoto che ti consente di ricevere. A questo punto puoi porre la tua mano sinistra nella sua destra e aprirti a ciò che la Guida ha da darti.

LE GUIDE FALSE

Le guide false sono forze che rappresentano i livelli di espressione dell'ego e del programma mentale di credenze sia individuale che collettivo. Un aspetto importante del lavoro consiste nel distinguere tra Guida vera e guida falsa. A questo riguardo, il test principale è in genere quello dell'amore. Una guida falsa non riesce a dare amore incondizionato e non è in grado di accettarti pienamente. Se dinanzi alla Guida non provi accettazione, energia, amore, pace e gioia, questo significa che hai a che fare con una guida falsa o con qualche altra entità che hai scambiato a prima vista per la Guida. Se nutri qualche sospetto, domanda in modo diretto e inequivocabile: "Sei tu la mia Guida Interiore?". Qualora essa dica di sì è necessario darle il permesso di mostrare il suo amore. Se la Guida è autentica, proverai sensazioni inconfondibili di amore e accettazione. In caso contrario – quando risponde di no, sparisce, cerca un modo per distrarti o cambia discorso – significa probabilmente che sei con una guida falsa. Se ciò accade, non vuol dire nulla di catastrofico. Al contrario, può essere un segnale che stai lavorando bene. Il sistema dell'ego, in questo caso, ha dovuto scomodare una sua rappresentazione per depistarti e allontanarti da una zona di estremo pericolo per la sua sopravvivenza. A questo punto è necessario non cadere nella trappola: questo significa che bisogna evitare la tentazione di provare sensi di colpa, sentirsi inadeguati o chissà quale altra sciocchezza. Quando si incontra una guida falsa, la vera Guida è sempre nelle immediate vicinanze: in genere, come scrive Steinbrecher, subito a destra della guida falsa. Si tratta quindi di ritornare alla situazione e al punto in cui hai visto la guida falsa per la prima volta, osservare a destra e permettere alla Guida di mostrarti a te.

Il fatto che le Guide sono piene di amore e accettazione, non significa che esse incoraggiano o giustificano comportamenti dettati dall'ego e contrari al nostro percorso di luce. L'amore delle Guide è verso l'essenza del nostro essere, non nei confronti dell'ego. Un'ulteriore caratteristica delle guide false è che, se da un lato esse hanno talvolta un atteggiamento rigido e severo, dall'altro tendono a inflazionare l'ego con complimenti e lusinghe smisurate. In alcuni casi possono anche attribuirci ruoli messianici di superiorità nei confronti di altri esseri umani e invitarci a manipolarli in nome di farneticanti *disegni superiori*. Le guide false, inoltre, esprimono giudizi e formulano previsioni future su di noi e sugli altri, fanno confronti e tendono ad alimentare il senso di separazione. Esse scoraggiano in definitiva ogni tipo di cambiamento reale e fanno in modo di preservare a tutti i costi lo stato delle cose. Di conseguenza, un ulteriore metro di verifica della Guida consiste nel fare attenzione all'impatto del rapporto con lei. Se, dopo un certo periodo di tempo di assiduo lavoro insieme, non si verificano cambiamenti sostanziali nella tua vita, sei probabilmente con una guida falsa.

Le Guide sono sempre presenti accanto a noi, ma sono estremamente rispettose del nostro spazio. Esse non danno informazioni o consigli, né si mostrano apertamente, a meno che ciò non venga espressamente richiesto. Al contrario, le guide false sono sempre pronte a dire cosa si deve fare e come si deve essere, e non hanno scrupoli nell'invadere il nostro spazio interiore. Quindi, nel rapporto con la Guida, una regola di base è di chiedere e di diffidare di qualsiasi consiglio che non sia stato preceduto da un'espressa richiesta in tal senso.

Infine, così come l'aspetto e la personalità iniziale della Guida si identifica generalmente con la cuspide della nona casa, le caratteristiche della guida falsa sembrano essere rappresentate dalla terza casa e dal tema domificato a partire da quel punto. Per esempio, se la nona casa è in Cancro, la terza casa sarà in Capricorno. In questo caso e a grandi linee, la Guida, nelle fasi iniziali del suo rapporto, può apparire protettiva, romantica, tenace, piena di immaginazione, pronta a dare nutrimento e supporto, mentre la guida falsa può sembrare austera, inflessibile, fredda, molto ambiziosa e con un forte senso di disciplina. Il fatto che la terza casa sia in relazione con la guida falsa non significa che le sue connotazioni sono *negative*: al contrario essa svolge l'importante servizio di fornirci gli elementi di base per focalizzare i tratti salienti della Guida e distinguerli da quelli estranei. Inoltre, anche la guida falsa svolge una funzione importante nel lavoro astrosciamanico. Se la Guida Interiore è d'accordo, può essere utile lavorare con la guida falsa. Ciò che conta è che la vera Guida abbia la supremazia e rimanga sempre al suo posto. In questo caso, invece di combattere o temere la guida falsa, la portiamo con noi e impariamo a capire anche i suoi segreti e, soprattutto, a non perderla d'occhio. Finché sappiamo quali sono le parti in gioco e dove si trovano, siamo sempre in una posizione di privilegio.

L'ostacolo più arduo da superare nei primi stadi del lavoro non consiste tanto nel riuscire a incontrare la Guida o nel distinguerla dalla guida falsa, ma nel gestire il potere che deriva quando l'incontro con la Guida ha già avuto luogo. In genere, una volta che abbiamo avuto i primi successi nel rapporto con la Guida, il sistema dell'ego entra nell'emergenza e comincia ad assalirci con un vasto repertorio di dubbi e razionalizzazioni. Questa fase dura talvolta diversi mesi e ha la funzione di mettere alla prova la purezza del nostro Intento. Per la maggior parte di persone è molto facile incontrare la Guida e ottenere subito importanti risultati e trasformazioni. Ciò che sembra più difficile è superare la fase successiva in cui il nostro sistema mentale entra in allarme. In questo contesto si tratta di: essere costanti nel rapporto con la Guida, applicare con attenzione e buon senso le pratiche e i consigli da lei donati, riconoscere i risultati ottenuti, mantenere riservatezza riguardo il contenuto delle esperienze e, soprattutto, evitare di entrare in conflitto con la nostra parte razionale. Ben lungi dall'essere un nemico da sconfiggere, questa parte è un prezioso alleato con cui occorre convivere e dialogare. Nell'astrosciamanesimo il lavoro consiste sempre nel riconoscere la natura delle motivazioni originarie di ogni parte, per poi liberarle e trasformarle in base a quelle del nostro Intento presente.

GLI ANIMALI GUIDA

L'aspetto tipico dei popoli che abitavano questo pianeta fino a quarantamila anni fa era in genere caratterizzato da nomadismo, caccia o raccolta spontanea di alimenti. Prima dell'avvento delle società dedite all'orticoltura, la vita della gente si basava sull'equilibrio e l'armonia con il mondo naturale e tutte le forme viventi. Gli uomini si sentivano parte integrante della Terra e vivevano in relazione armonica con i ritmi stagionali. In quei tempi, secondo molti miti, gli uomini potevano comunicare con animali, piante, minerali, fenomeni atmosferici e corpi celesti. In seguito gli uomini cessarono questo tipo di rapporto. Questo cambiamento sembra essere in relazione con l'abbandono del nomadismo e lo sviluppo delle società basate sull'orticoltura. Gli uomini iniziarono a concentrarsi in territori delimitati e a vivere stabilmente per controllare i cicli delle piante. Le società dedite all'orticoltura persero quel senso profondo di unità con la natura che aveva caratterizzato i loro antenati. Col passare del tempo la capacità di dialogare con forme viventi diverse dall'uomo diventò sempre più rara e si limitò a un solo gruppo di individui: gli sciamani. Questi, entrando in uno stato alterato di coscienza, potevano accedere a quel passato mitico esistente nella realtà parallela e rivivere l'unità tra uomini, animali e altre forme di vita.

Nell'astrosciamanesimo, l'*Animale Guida*, o *animale di potere*, svolge in genere un ruolo di protezione aggiuntiva, insieme a quello della Guida Interiore. Gli Animali Guida sono spesso di grande aiuto nel recupero e nell'aumento dell'energia sul piano fisico. Acquisire un Animale come alleato, e preservarne o rafforzarne il rapporto, costituisce in genere la base del lavoro sciamanico tradizionale poiché contribuisce a fornire radicamento e potere. In assenza di tale radicamento, è stato notato che le persone aperte psichicamente tendono a diventare instabili, ammalate, o molto grasse.

Gli Animali Guida dimorano in genere nel Mondo del Basso. Essi rappresentano l'essenza eterna della specie a cui appartengono e non un particolare animale. Quindi, se nei viaggi interiori si incontra un lupo, si tratta del Lupo, non di uno tra i tanti lupi possibili. Chi possiede il potere di un lupo, di un orso, o di un altro animale, è in grado di attingere al potere dell'intero genere del Lupo, dell'Orso o di un altro Animale. Nell'ambito delle convenzioni sciamaniche gli Animali Guida sono selvaggi e non addomesticati: gli animali domestici (cani, gatti, galline, ecc.) non rientrano in genere nella categoria. Anche gli insetti, con alcune eccezioni (formiche, farfalle, libellule, ecc.), non sono intesi in genere come animali di potere poiché vengono associati con malattie e intrusioni psichiche.

Per incontrare un Animale Guida si possono usare varie procedure. Quella che segue impiega le quattro direzioni del Sacro Cerchio. È preferibile svolgere la pratica di notte o in un luogo buio illuminato solo da una candela.

Rivolgiti a Est del Sacro Cerchio tenendo possibilmente un sonaglio nella mano destra. Per alcuni minuti agita il sonaglio, o batti le mani. Per la tradizione usata in questo testo, l'Est è associato al fuoco e agli animali aggressivi come Tigre, Lupo, Puma, ecc. Poi spostati a Sud (terra) e chiama, agitando nuovamente i sonagli, gli animali di questa direzione. Si tratta in genere di animali pacifici e vegetariani (Scoiattolo, Marmotta, Ghiro, Cervo, ecc.). In seguito orientati a Ovest (acqua) per indirizzarti agli animali acquatici come Storione, Delfino, Balena, ecc. o ai rettili (Serpente, Rana, Coccodrillo, ecc.). Per concludere, rivolgiti a Nord (aria) e agli uccelli. Infine agita il sonaglio verso l'Alto (Sole, Luna, pianeti e stelle) e il Basso (le viscere della Terra). Dopo aver agitato ancora il sonaglio per qualche minuto, portando l'attenzione all'Intento, rimani immobile. Inizia, quindi, a correre fermo sul posto per circa cinque minuti, agitando il sonaglio, o tenendo le mani alzate, e richiamando gli Animali dalle quattro direzioni. Poi arrestati con un segnale di quattro colpi consecutivi dei sonagli e concludi il rituale.

Dopo questa pratica, puoi iniziare a danzare il tuo Animale Guida, continuando ad agitare il sonaglio o impiegando un nastro di percussioni sciamaniche. Si tratta di danzare liberamente e lasciarsi andare. Una volta che la danza prende corpo, ti sarà possibile iniziare a percepire, sentire o vedere un Animale. La percezione può esprimersi nelle sensazioni del corpo, nei suoi movimenti o nelle emissioni vocali. Quando verifichi questo primo contatto è necessario invitare l'Animale ad avere ancora più spazio nel tuo corpo fino a intensificarne al massimo l'espressione. La danza dura in genere un minimo di 15 minuti.

Una volta che hai acquisito un Animale Guida, puoi viaggiare con un'ulteriore protezione nei mondi interiori e godere di maggiore stabilità nella vita esteriore. Per mantenere tale condizione occorre avere rapporti regolari con l'Animale. Questo significa evocarlo con frequenza, disegnarlo e soprattutto danzarlo o lasciarlo esprimere attraverso il corpo.

7. Gli Spiriti Totem e le esplorazioni del Sacro Cerchio

Secondo l'approccio di questo testo gli *Spiriti Totem* rappresentano gli archetipi di base e i modelli di derivazione originari di tutte le nostre esperienze o percezioni. Essi corrispondono astrologicamente ai pianeti e raffigurano specifiche emanazioni del Tutto con la funzione di renderlo comprensibile alla nostra consapevolezza fondata sulla separazione. Gli Spiriti tengono insieme la nostra consistenza mentale, sia individuale che collettiva, sia inconscia che conscia.

Ai primi abitatori della Terra, gli Spiriti Totem apparivano nella loro forma pura e primitiva. Con l'avanzare del tempo e lo sviluppo del processo di separazione, essi vennero via via sospinti verso la periferia dell'esistenza, moltiplicandosi a dismisura e assumendo forme sempre più complesse e articolate. Ciò che ora percepiamo come realtà non è nient'altro che un lungo concatenamento di proiezioni attraverso cui gli Spiriti si manifestano. Quando privilegiamo il rapporto con la loro forma originaria, invece di correre dietro agli specchi delle nostre proiezioni, la vita comincia a trasformarsi radicalmente.

Nell'astrosciamanesimo il rapporto con gli Spiriti è affrontato sempre con la Guida. Essa funge da protettore e consigliere fedele. La sua presenza consente di operare in condizioni di sicurezza e di facilitare la liberazione delle componenti di separazione (rancori) che bloccano il rapporto con gli Spiriti.

Nel corso dei tempi la conoscenza degli archetipi originari è stata tramandata grazie all'opera di pochi individui o gruppi di persone. Il modo in cui gli Spiriti si manifestano varia enormemente a seconda delle tradizioni. Poiché non siamo in grado di vederli per quello che sono veramente, possiamo solo percepirli attraverso le forme più accessibili per i nostri sistemi di riferimento (per esempio, una divinità greca, un cartone animato, un arcano dei Tarocchi, un personaggio di un film, ecc.). Questo testo impiega il linguaggio astrologico e rappresenta un'introduzione al lavoro astrosciamanico. Di conseguenza ci riferiremo solo agli Spiriti Totem dei 12 Settori (l'equivalente astrologico dei pianeti *governatori* o *in domicilio*).

Il modo più rapido per comprendere e assimilare le energie degli Spiriti del Sacro Cerchio consiste nell'impiegare, come sempre, tutti i propri sensi, nell'essere diretti, autentici e intensi, e nel ricorrere ai consigli della Guida. Le relazioni con gli Spiriti non sono molto diverse da quelle che abbiamo nella vita ordinaria: talvolta è necessario essere astuti, far valere le proprie ragioni, insistere, contrattare, domandare, sfidare, ecc. Nel rapporto con gli Spiriti non vi è alcun pericolo se si opera in compagnia della Guida. Al contrario, quando si agisce da soli e senza precauzioni, gli inconvenienti possono essere notevoli.

"Il mio primo incontro con la Guida", racconta un ricercatore, "ebbe luogo molti anni fa e mi procurò subito una grande gioia. Sentivo il suo supporto e quanto fosse importante per me. Ero sicuro che non l'avrei mai abbandonata. Con il suo aiuto, iniziai a lavorare con gli Spiriti. Dopo un primo periodo di lavoro, in cui provavo timore e sospetto, cominciai a sentire una forte attrazione nei loro confronti. Con alcuni mi trovai perfettamente a mio agio. In loro presenza potevo vivere momenti di pura beatitudine. A un certo punto cominciai a non sentire più il bisogno di rivolgermi alla Guida, tanta era la forza che mi procurava il rapporto con gli Spiriti. Spesso, dopo aver chiamato la Guida, durante il viaggio me ne dimenticavo completamente e andavo avanti per i fatti miei. In certi momenti, l'idea di dovermela portare dietro mi sembrava solo una formalità burocratica, a cui cominciavo a ribellarmi con una sorta di 'Posso fare da me!'. Poi la lasciai proprio perdere e scelsi di operare senza intermediari. Per un po' continuai ad avere ancora incontri significativi con gli Spiriti, ma allo stesso tempo, nella vita quotidiana, cominciai a essere preda di umori squilibrati e di attrazioni impulsive irrefrenabili. In seguito venni coinvolto in tutta una serie di situazioni che mi fecero abbandonare il lavoro interiore. Mi sembrava proprio di non avere più tempo: c'era qualcosa di molto più *importante* e *urgente* che avveniva all'esterno. A causa di ciò che mi stava accadendo non mi sentivo più degno di rapportarmi con il mondo interiore. Allo stesso tempo una parte di me si sentiva tradita da quegli spazi e ricercava una forma sottile di vendetta. Tutte le esperienze con la Guida diventarono un ricordo remoto. La mia vita alternava il caos all'insignificanza più totale. Dopo diversi mesi e talvolta anni, allo stremo delle forze, e con alle spalle indicibili sfinimenti, sono ritornato al lavoro originario con la Guida. Questo è successo molte volte in quella che ricordo essere la mia vita. Ora posso dire che, in tutte quelle circostanze, nei primi momenti che precedevano il distacco, ciò che a un certo punto veniva sempre a mancare era proprio il rapporto con la Guida. E la perdita di quel rapporto, nonostante avessi mille motivi per dimostrare il contrario, era sempre una mia responsabilità. Ero io che non volevo relazionarmi con la Guida!".

La necessità di mantenere vivo il rapporto con la Guida si evidenzia in questo canto di amore della tradizione del Sacro Cono. "La Guida è il compagno di luce, il consorte cosmico, l'amante divino, parte di me dentro e fuori di me. Come posso privarmi di Lui, del mio più intimo amico? Siamo una coppia divina e diamo vita a una generazione di luce. O Guida assumi pure la tua vera forma. Sono pronto a vedere il tuo volto e a riconoscerlo per sempre dentro e fuori di me. O quale gioia ardente e roboante risata emana in tutto il mio essere nella sempiterna certezza di tale disponibilità".

L'ESPLORAZIONE DEI SETTORI

Una volta stabilito il contatto con la Guida, la seconda fase del lavoro consiste nell'esplorare i 12 Settori. In genere il riferimento che viene usato per definire quale Settore visitare è quello della posizione del Sole o della Luna. Questo significa che, a meno che non vi siano esigenze particolari o la Guida suggerisca diversamente, il momento ideale per esplorare un Settore è di solito quello in cui il Sole o la Luna transitano nel segno corrispondente. Per conoscere l'esatta posizione nel cielo dei due corpi celesti si può consultare un calendario astrologico o le Effemeridi.

L'esperienza di viaggio e le caratteristiche dei territori dei Settori variano estremamente da individuo a individuo. A seconda delle posizioni dei pianeti nella carta natale, ogni ricercatore può incontrare situazioni ed esseri diversi. Per esempio, una persona con Luna in Cancro (Settore 4) e in aspetto facile con Sole e Venere, quando visita il Settore 4 si troverà forse più a suo agio di chi ha invece Saturno nello stesso segno in aspetto energetico con Plutone o Urano.

Nell'astrosciamanesimo si impiegano diverse procedure di esplorazione dei Settori. All'inizio si stabilisce un contatto con lo

Spirito Totem del Settore, vale a dire quello corrispondente al governatore del segno: per esempio, Luna per Cancro (Settore 4), Sole per Leone (Settore 5), ecc. In seguito si possono incontrare gli Spiriti dei pianeti così come sono posizionati nella carta natale. Per esempio, se un ricercatore ha Marte in Capricorno si tratterà di incontrarlo nel Settore 10. Altre possibilità consistono nel convocare due o più Spiriti contemporaneamente. Questi incontri servono a guarire situazioni di conflitto e tensione tra pianeti. Nel caso dell'esempio precedente, nel Settore 10 si possono convocare insieme Marte (pianeta residente) e Saturno (governatore), anche se quest'ultimo si trova in una diversa posizione natale.

Di seguito forniamo un modello per l'esplorazione dei Settori e per l'incontro con i loro Spiriti Totem.

1) Impiega la sequenza di apertura per il viaggio interiore descritta nei punti da 1 a 7 (vedi capitolo 5, *Sequenza di apertura e chiusura per il viaggio interiore*). Se disponi già del Set del Sacro Cerchio, puoi sistemarti vicino al pezzo corrispondente al Settore che intendi esplorare. Mentre attivi l'Intento ricorda anche di fare riferimento allo scopo specifico del viaggio che in questo caso può riassumersi come segue: "Intendo visitare il Settore... per incontrare il suo Spirito Totem e avere informazioni sui miei potenziali di luce e su come posso usarli per il mio benessere e quello del pianeta".

2) Quando raggiungi l'area del Sacro Cerchio, avvicinati al Grande Albero e chiama la Guida.

3) Saluta la Guida e stabilisci un contatto energetico.

4) Comunica alla Guida quale Settore intendi visitare e invitala ad accompagnarti durante il viaggio. Domandale se c'è qualcosa che è importante sapere prima di partire per l'esplorazione di quel Settore. Chiedile protezione e invitala espressamente a indicarti il percorso e ad avvisarti qualora sia necessario non spingersi oltre.

5) Segui la Guida mentre si sposta dal Grande Albero centrale verso una delle 12 pietre del Sacro Cerchio. Quella pietra rappresenta l'accesso al territorio del Settore che hai scelto di visitare. Osservala bene in tutti i suoi dettagli. Quando sei pronto per partire, appoggia entrambe le mani su di essa. A questo punto la pietra si sposterà e ti mostrerà un passaggio sotterraneo. Questo passaggio è il percorso che ti consente di raggiungere il territorio del Settore.

6) Lascia che sia la Guida a farti strada attraverso questo percorso. Le caratteristiche del tragitto variano a seconda del Settore, così come le modalità di viaggio. Per esempio, può essere un corridoio, un canale, un sentiero, un ponte, una ferrovia, ecc. e puoi cammina-

re a piedi, usare un cavallo, un carretto, una barca, un treno, un uccello, ecc.

7) Quando il percorso si conclude, significa che sei arrivato nel territorio del Settore. Talvolta puoi vedere un segnale specifico (cartello stradale, bandiera, pietra con sigillo, ecc.). Qualunque cosa vedi, rimani vicino alla Guida e, prima di decidere alcunché, chiedi sempre il suo consiglio. Per esempio, a seconda dei casi, puoi baciare il suolo, recitare una preghiera, offrire un dono, rimanere in silenzio, contemplare il paesaggio o partire per l'esplorazione senza tante cerimonie.

8) Nelle vicinanze troverai un rappresentante del Settore che stai visitando. Il suo scopo è di scortarti lungo il percorso e di guidarti al cospetto dello Spirito Totem. Mentre ti muovi, fai attenzione a ciò che percepisci: paesaggio, clima, temperatura, colori, animali, piante, pietre, suoni, abitanti (se ve ne sono) e loro attività.

9) Quando arrivi nell'area in cui dimora lo Spirito Totem, domanda alla Guida che cosa fare. Per esempio, puoi aspettare che sia lo Spirito a venirti incontro, andare tu da lui, chiamarlo, offrire un sacrificio, ecc.

10) Allorché ti trovi di fronte allo Spirito, in genere si tratta di salutarlo e di comunicargli il tuo Intento. Se la Guida dà il suo consenso, puoi anche stabilire un rapporto energetico e chiedere di ricevere luce e amore. In seguito, inizia a dialogare con lo Spirito nel modo più congeniale. Lo scopo del primo incontro consiste nel ricevere informazioni sui propri potenziali di luce e sulla loro applicazione concreta. Tale obiettivo si riassume in due domande da rivolgere direttamente allo Spirito: quali sono i miei potenziali di luce in questo Settore? Che cosa posso fare per realizzarli? La risposta può giungere verbalmente o sotto forma di visione, suono, sigillo, codice, ecc. Considera la prima risposta che ti arriva, anche se può sembrare priva di senso. A volte il modo di comunicare degli Spiriti è di difficile comprensione perché è inteso a superare le censure dell'ego. Lascia perdere le tue consuete modalità di pensiero e accetta la prima risposta così come viene. Se il significato non è comprensibile, chiedi alla Guida o allo Spirito stesso di chiarire meglio la risposta. In genere si tratta di informazioni che identificano la natura di un tuo potenziale e ciò che consente di svilupparlo. A questo riguardo ti può essere indicato un comportamento, un compito, una pratica, un'azione, un'astensione, ecc. Chiedi ogni volta conferma alla Guida prima di acconsentire a qualsiasi richiesta. Se lo Spirito corrisponde a un pianeta che opera disarmonicamente nel tuo tema,

egli può talvolta invitarti a fare cose strane, pericolose o contrarie al tuo Intento. Rivolgiti sempre alla Guida e rifiutati di considerare ciò che non riceve pienamente il suo consenso. Continua a dialogare con lo Spirito finché non ottieni un'indicazione accettabile, sia da parte della Guida che da parte tua, su qualcosa che puoi fare per realizzare il tuo potenziale nella vita quotidiana.

11) Quando hai ricevuto la risposta, puoi domandare allo Spirito di darti un *dono di potere* o può essere lo Spirito stesso che te lo offre. Può trattarsi di una pietra, una spada, un bastone, una sfera di cristallo, una collana, un anello, una pianta, ecc. Considera il primo oggetto che ti viene mostrato ed evita di camuffarlo in base alle tue aspettative. Prima di accettarlo domanda sempre il consenso della Guida. Se la risposta è negativa, ringrazia ugualmente lo Spirito e passa al punto 12. Se la risposta è affermativa, prendi pure l'oggetto. Il dono rappresenta in genere uno strumento adattato specificatamente alla tua natura. Esso consente di esprimere i potenziali di quel Settore e di adempiere al tuo Intento o a quanto ti è stato richiesto. Quando ti viene consegnato, osserva bene la sua forma e chiedi spiegazioni riguardo le sue modalità d'uso finché non hai compreso veramente a cosa serve. Domanda inoltre qual è il nome del dono. A questo punto ti può arrivare un termine nella tua lingua o in un idioma sconosciuto. Accetta sempre il primo nome che giunge, sia che abbia senso o meno. Talvolta questo nome è come una formula di accesso che, una volta pronunciata, consente al dono di diventare operativo. Chiedi spiegazioni a riguardo direttamente allo Spirito. In seguito, puoi invitare lo Spirito a inserire il dono in un punto del tuo corpo in cui custodirlo.

12) Infine, dopo aver ringraziato lo Spirito, congedati da lui e domandagli se puoi ritornare ancora a fargli visita. Questo permesso viene sempre concesso. Si tratta in genere di una formalità strategica intesa a ricevere la conferma che la nostra presenza è gradita nei mondi interiori. Nel caso in cui ti sia stato consigliato di rifiutare il dono dello Spirito, puoi ritornare altre volte fino a quando la Guida non ti darà il consenso definitivo.

13) A conclusione di ciascuna esplorazione, domanda alla Guida se le tue energie e gli scambi che hai avuto con lo Spirito sono in equilibrio o se qualcosa è rimasto in sospeso. Ogni volta che ricevi qualcosa nel mondo interiore, è necessario sapere se occorre dare qualcosa in cambio. La Guida te lo dirà e ti indicherà eventualmente che cosa fare o dare. Per esempio, ti può dire di compiere una certa azione (portare a termine un lavoro, fare una passeggiata nel bosco,

ecc.) od offrire qualcosa (una preghiera, un incenso, un capello, ecc.). Ricevere un dono da uno Spirito senza contraccambiare significa spesso invitare quella forza a prendere da noi qualsiasi cosa. Le scale di valori degli Spiriti sono molto diverse da quelle umane: un capello può essere sullo stesso piano di un anello con diamanti o di una cospicua somma di denaro. Quindi, onde evitare equivoci, è preferibile essere chiari rispetto alle condizioni dello scambio.

14) Infine ritorna al punto di inizio del territorio del Settore impiegando lo stesso percorso del viaggio di andata. Se ti ha accompagnato un rappresentante del Settore, congedati e ringrazialo per il suo aiuto. Prosegui quindi attraverso il passaggio che conduce al Sacro Cerchio interiore. Dopo essere arrivato, ringrazia la pietra del Settore, appoggia le tue mani su di essa e richiudi l'accesso. A questo punto, se lo desideri, puoi rimanere in compagnia della Guida per fare domande o equilibrare la tua energia. In seguito congedati e ritorna completamente allo stato di coscienza ordinaria.

LE PROIEZIONI E I MISURATORI ENERGETICI

Gli archetipi di base del lavoro astrosciamanico, come abbiamo visto, sono gli Spiriti Totem. La loro natura effettiva è di per sé neutra. In tutti i casi è sempre il loro livello di proiezione che li fa apparire positivi o negativi, alleati o nemici, affascinanti o terrificanti. Quando uno Spirito è represso, vissuto malamente o legato a vicende dolorose della nostra vita, questi si manifesta mediante il suo aspetto demonico. Tale aspetto può essere facilmente osservato nelle persone o situazioni che provocano odio, irritazione, repulsione, paura, e altre sensazioni spiacevoli per il nostro ego.

Alcuni tipi di proiezione vengono invece considerati auspicabili e molto positivi per l'ego. Il caso più tipico è quello delle *relazioni di amore* o, come le definisce *A Course in Miracles*, delle *relazioni speciali* (vedi capitolo 3, *Il sistema dell'ego*). Si tratta di proiezioni che, pur apparendo molto diverse dalle precedenti, sono solo l'altra faccia della medaglia. Quando ci *innamoriamo* proiettiamo il contenuto positivo di uno Spirito su un'altra persona che funge semplicemente da schermo. Ciò che accade in effetti è che stiamo vedendo una parte positiva che esiste dentro di noi attraverso la proiezione di qualcosa che c'è al di fuori. Tale condizione crea sensazioni di benessere ed estasi, quando l'altro ci risponde, o di malessere e tormento, quando questi è indifferente o ci rifiuta.

La proiezione invia le componenti energetiche del mondo interiore all'esterno. Se non siamo consapevoli di questo fenomeno, la conseguenza è che perdiamo energia vitale e veniamo bloccati nel percorso di crescita. Lo sviluppo di questo percorso è impossibile fino a quando ci ostiniamo a considerare il mondo esterno come la base della nostra realtà. Ognuno di noi possiede i comandi operativi di ciò che accade nella sua vita e nessuno, tranne egli stesso, può usare quei comandi. L'unica possibilità per cambiare effettivamente la realtà esterna è quella di cercarne le cause all'interno per poi apportare le opportune correzioni.

Tutte le persone che si animano nella nostra vita hanno una precisa collocazione nel nostro mondo interiore. Il loro ruolo è quello di fungere da *misuratori energetici* riguardo lo stato delle nostre componenti interne. Il modo in cui queste persone vengono da noi percepite ci mostra la qualità del rapporto con lo specifico Spirito di cui esse sono semplicemente schermi di proiezione. La funzione di misuratore energetico è esclusivamente in relazione con la nostra percezione di queste persone. Non ha niente a che vedere con il modo in cui esse stesse si considerano, né con le percezioni che altre persone possono avere di loro. La realtà dell'universo è l'unità e noi siamo tutti collegati gli uni con gli altri attraverso le nostre proiezioni. Le persone su cui proiettiamo le nostre componenti interiori a loro volta fanno altrettanto su di noi. Tuttavia, nessuno di noi è in grado di comprendere come riceve le proiezioni degli altri finché non ha l'esperienza diretta del modo in cui le sue proiezioni manipolano la vita degli altri. Nella nostra mente ci siamo solamente noi e tutto quello che percepiamo all'esterno non sono altro che aspetti di noi stessi. Man mano che diventiamo più consapevoli di questa realtà, ecco che la nostra visione inizia a trasformarsi insieme a tutte le persone e le situazioni che ne fanno parte.

Le persone, entità o cose che agiscono come misuratore energetico possono essere rintracciate attraverso il sistema delle *case derivate*[1]. Secondo questo approccio, il nostro tema è di per sé sufficiente

[1] La tecnica delle *case derivate* consiste nell'esaminare ciascuna delle 12 case astrologiche del tema natale di una persona come l'Ascendente di un ulteriore ciclo di 12 case. L'insieme dei cicli determina un totale di 144 case. Questo metodo tradizionale fu divulgato negli anni Trenta da Eudes Picard (vedi Eudes Picard, *Le case astrologiche derivate*, Xenia). Le case derivate, seppur con variazioni significative rispetto all'elaborazione di Picard, sono impiegate ampiamente da Edwin C. Steinbrecher nel suo prezioso lavoro di iniziazione al rapporto con la Guida Interiore (vedi Steinbrecher, *op.cit.*).

a mostrarci tutti i dati chiave dell'interazione con la realtà esterna. I misuratori attribuiti a ciascuna casa, così come li percepiamo sia nella veglia che nei sogni, fungono da indicatori riguardo le condizioni di quella particolare area della nostra vita. Per esempio, se nostro nonno paterno (settima casa) ci appare felice o se sogniamo nostra nonna materna o un ex partner (entrambi settima casa) in uno stato di benessere, ciò significa che queste condizioni si applicano anche alla nostra settima casa (relazioni, contratti, matrimoni, reni, schiena inferiore, ecc.). Se, al contrario, questi soggetti vengono percepiti in modo spiacevole, è probabile che vi siano dei problemi da affrontare in quella sfera. In questo caso si tratta di operare insieme alla Guida per liberare i rancori rilevati dai misuratori energetici. Affrontando gli equivalenti interiori delle persone, cose o situazioni che creano problemi nella nostra vita, possiamo aggirare le trappole dell'ego e apportare guarigioni talvolta miracolose.

Il modo migliore per aiutare qualcuno che ha dei problemi con noi o è sofferente nel nostro mondo esteriore consiste nel chiedere all'immagine di quell'individuo di assumere la forma che ha nel nostro mondo interiore, e poi interagire con quella forma. La forma interiore è la rappresentazione dell'energia di uno o più Spiriti che abbiamo trascurato o negato. Per mettersi in evidenza è stata costretta a manipolare la vita o l'immagine di una persona all'esterno. Quella persona, così come la percepiamo, è un aspetto energetico di noi stessi e non ha nulla a che fare con la reale natura dell'individuo in questione. Quando operiamo nel mondo interiore stiamo sempre guarendo o trasformando una parte effettiva di noi stessi. Tale lavoro interno, quando apporta perdono e armonizzazione, si riflette inevitabilmente in un cambiamento positivo nella realtà esterna e nelle condizioni dei misuratori energetici stessi. Questi ultimi, in genere, o si trasformano completamente e raggiungono uno stato di pace e benessere, o spariscono definitivamente dalla nostra vita.

8. Il linguaggio astrologico

Al di là di ciò che la nostra identità consapevole crede di volere per se stessa e gli altri, la nostra natura più autentica è in sintonia con la realizzazione di uno specifico Intento che è alla base dei potenziali interiori e della Funzione stessa per cui ci troviamo a esistere. Durante la vita questo Intento si articola attraverso fasi di trasformazione ed eventi chiave che, pur essendo di difficile comprensione per la personalità ordinaria, sono pienamente riconoscibili per il sé superiore e la nostra Guida.

L'utilità dell'astrologia consiste nel fornire un linguaggio codificato in grado di identificare e definire alcune dinamiche e passaggi decisivi della nostra esistenza. Questo linguaggio, quando viene esaminato attraverso l'esperienza interiore, consente di ottenere un'ampia visione riguardo la direzione dei nostri cicli vitali. L'astrologia offre, in breve, la possibilità di comprendere le energie che sono in gioco e l'opportunità di individuare non solo le modalità, ma anche i tempi specifici in cui esse si esprimono.

Nel lavoro astrosciamanico l'impiego dell'astrologia permette di definire i passaggi decisivi dell'esistenza sia individuale che collettiva. In questo modo è possibile comprendere l'energia rilevante di una situazione presente e la sua relazione con gli eventi passati e i potenziali futuri. In tale contesto è necessario usare la massima cautela per evitare di cadere nella tentazione di interferire in modo improprio con lo sviluppo effettivo dell'esperienza interiore.

Le tecniche dell'astrologia e le componenti del suo linguaggio non vengono trattate in questo libro[1]. Per la maggior parte queste informazioni sono disponibili in molte opere. Nel presente capitolo

[1] Per un esame completo del linguaggio e delle tecniche astrologiche impiegate nell'astrosciamanesimo vedi: Santoro, *Corso operativo di astrosciamanismo*.

intendiamo fornire solo una breve descrizione del linguaggio astrologico e di alcune sue applicazioni nell'astrosciamanesimo.

L'ALFABETO A 12 LETTERE

Secondo l'astrologia, la vita, in tutti i suoi aspetti, si riduce in breve a 12 Settori di base. Il linguaggio astrologico può così essere considerato come un *alfabeto a dodici lettere*[2]. Un alfabeto è stampabile con lettere maiuscole, minuscole, in corsivo, sottolineate, in grassetto, ecc., ma una "Z" ha sempre a che fare con lo stesso principio di una "z" o di una "*z*". Similmente, nell'astrologia, i 12 Settori o lettere di base sono rappresentate attraverso diverse espressioni dello stesso alfabeto. Alcune hanno importanza secondaria (per esempio, *decani*, *stelle fisse*, *dwadashamsa*, ecc.), altre rivestono ruoli fondamentali (*pianeti*, *case* e *segni*).

Ogni segno zodiacale è associato a una casa astrologica: il primo segno (Ariete) con la prima casa, il secondo (Toro) con la seconda casa, ecc. Queste case e segni hanno in comune lo stesso principio o Settore. A sua volta, ciascun pianeta è in relazione con il principio generale di un segno e di una casa. A questo punto insorgono alcune apparenti incongruenze poiché vi sono 12 case e 12 segni, mentre i pianeti astrologici (che comprendono anche Sole e Luna) sono tradizionalmente 10. Il problema cessa di esistere allorché si comprende che alcuni pianeti svolgono una doppia funzione. Così come nella lingua italiana i simboli alfabetici *C* e *G* corrispondono a suoni diversi (per esempio, in parole come *cane* e *centro* o *gatto* e *gente*), i pianeti Mercurio e Venere sono in relazione, il primo con Gemelli/terza casa e Vergine/sesta casa, mentre l'altro con Toro/seconda casa e Bilancia/settima casa. Alcuni approcci astrologici, come il nostro, non si limitano a 10 pianeti, ma ne impiegano altri corrispondenti a principi che non trovano definizioni complete nell'alfabeto tradizionale (per esempio, gli asteroidi e il pianeta Terra). Secondo il modello dei 12 Settori, segni, case e pianeti rappresentano lo stesso principio. Questo, ovviamente, non vuol dire che sono la stessa cosa.

---

[2] Il termine *alfabeto a 12 lettere*, detto anche *Zip Code*, è stato coniato dall'astrologa e antropologa Zipporah Pottenger Dobyns, e successivamente utilizzato dalla figlia, Maritha Pottenger.

La struttura del sistema a 12 lettere mostra che le combinazioni del linguaggio astrologico (pianeti, case, segni, ecc.) hanno in comune 12 temi di base. "L'astrologia si occupa di dodici modi fondamentali di essere nel mondo, dodici energie umane basilari, dodici bisogni umani e modalità operative. Ciascuna di esse è positiva – non malefica. Ciascuna di queste dodici è necessaria – una caratteristica degli esseri umani. Ciascuna delle dodici, se esagerata, o espressa a esclusione di una delle altre undici – può essere distruttiva. Ciascuna delle dodici parti è rispecchiata nell'oroscopo da un pianeta, una casa e un segno"[3]. Per esempio, il Settore 3 si riferisce astrologicamente ai principi del pianeta Mercurio, della terza casa e del segno dei Gemelli. In questo sistema possiamo in breve definire i pianeti come il fattore più importante e la forma più enfatica del linguaggio astrologico. Essi identificano l'energia nella sua forma essenziale, gli Spiriti Totem e le strade maestre di accesso al Centro. Sono il *che cosa?* della grammatica astrologica. Le case rappresentano invece il *dove?*: gli specifici campi di esperienza in cui i pianeti si esprimono. Nelle case si manifesta l'individualità e la specializzazione dell'energia. I segni, infine, riguardano le modalità di espressione dei pianeti e le tipologie di base comuni a ognuno di noi. Rappresentano il *come?*

I segni zodiacali, pur godendo di enorme popolarità, sono in genere legati alle convenzioni comportamentali e all'identificazione con gli aspetti meno essenziali dell'essere. Essi si riferiscono al piano mentale e oggettivo, e differiscono nettamente dal carattere energetico e soggettivo dei pianeti. Nell'astrosciamanesimo i segni appartengono alla periferia del Sacro Cerchio e ne evidenziano le qualità meno evolute. Allo stesso tempo, essi hanno un'importanza primaria poiché indicano l'inizio del percorso di trasformazione e la via di ritorno verso il Centro.

Tradizionalmente i segni zodiacali sono divisi in tre tipi di gruppi: *elementi*, *qualità* e *polarità*. Gli elementi comprendono *fuoco*, *terra*, *aria* e *acqua*. Le qualità sono di tipo *cardinale*, *fisso* e *mutevole* e rappresentano le modalità vibratorie attraverso cui si esprimono gli elementi. I segni cardinali (Ariete, Cancro, Bilancia, Capricorno) corrispondono all'energia diretta e al dinamismo di apertura di una nuova fase o stagione. I segni fissi (Toro, Leone, Scorpione, Acquario) si riferiscono a concentrazioni di energia e ai cul-

---

[3] Maritha Pottenger, *Complete Horoscope Interpretation: Putting Together your Planetary Profile*, ACS, pp. 9-10.

mini stagionali. I segni mutevoli (Gemelli, Vergine, Sagittario, Pesci) rappresentano il passaggio interno del movimento a spirale e il termine della stagione. La combinazione dei 4 elementi con le 3 qualità produce i 12 segni zodiacali. Le polarità sono quelle *positive* e *negative* o *maschili* e *femminili*. I segni di fuoco e di aria appartengono alla polarità maschile, mentre quelli di acqua e terra a quella femminile.

Accanto a pianeti, segni, case, elementi, qualità e polarità vi sono altri fattori linguistici derivati dalla combinazione stessa di pianeti, case e segni. La loro funzione è quella di consentire l'effettiva articolazione del linguaggio astrologico. Se i pianeti, come abbiamo visto, sono considerati come il fattore più importante, a sua volta, le relazioni angolari dei pianeti (*aspetti di nascita* e *transito*) rivestono un ruolo di primo piano. Esse definiscono la qualità del rapporto e il livello d'interazione tra i pianeti. L'espressione di un pianeta, inoltre, può cambiare enormemente a seconda del particolare segno e casa in cui è posizionato, o della sua eventuale vicinanza agli *angoli* o ai *punti medi degli angoli*.

LA MAPPA ASTROLOGICA

La mappa astrologica, o carta natale, è una rappresentazione in codice del Cielo basata su uno specifico momento e luogo di osservazione. In questa carta sono indicate le posizioni in gradi di longitudine celeste dei pianeti e delle altre componenti del linguaggio astrologico così come si trovavano nell'istante e nella località di nascita di una determinata persona.

La mappa astrologica, similmente alla fotografia, è il *congelamento* di un movimento. In questo caso si tratta di quello del Cielo e della Terra: il movimento più ampio che l'uomo possa concepire. Il congelamento di questo moto ben si addice a rappresentare l'espressione più estesa e particolareggiata dell'allucinazione dell'ego. L'energia fluiva liberamente nell'universo e a un certo punto si è bloccata dando vita a una condensazione che la mappa astrologica ritrae nei suoi molteplici aspetti. In realtà i corpi celesti e la Terra non si sono mai arrestati e hanno sempre continuato a muoversi. Tuttavia, l'ego è rimasto ancorato a un fotogramma fisso ed è con esso che si ostina a identificarsi. Quest'identità, legata al blocco di un istante passato, ci spinge a vivere in una *realtà separata* di cui siamo noi stessi vittime e creatori. È un'allucinazione che permane

Corrispondenze astrologiche dei 12 Settori

SETTORE	PIANETA	CASA	SEGNO	ELEMENTO	QUALITÀ	POLARITÀ
1	MARTE	PRIMA	ARIETE	FUOCO	CARDINALE	MASCHILE
2	VENERE	SECONDA	TORO	TERRA	FISSA	FEMMINILE
3	MERCURIO	TERZA	GEMELLI	ARIA	MUTEVOLE	MASCHILE
4	LUNA	QUARTA	CANCRO	ACQUA	CARDINALE	FEMMINILE
5	SOLE	QUINTA	LEONE	FUOCO	FISSA	MASCHILE
6	MERCURIO	SESTA	VERGINE	TERRA	MUTEVOLE	FEMMINILE
7	VENERE	SETTIMA	BILANCIA	ARIA	CARDINALE	MASCHILE
8	PLUTONE	OTTAVA	SCORPIONE	ACQUA	FISSA	FEMMINILE
9	GIOVE	NONA	SAGITTARIO	FUOCO	MUTEVOLE	MASCHILE
10	SATURNO	DECIMA	CAPRICORNO	TERRA	CARDINALE	FEMMINILE
11	URANO	UNDICESIMA	ACQUARIO	ARIA	FISSA	MASCHILE
12	NETTUNO	DODICESIMA	PESCI	ACQUA	MUTEVOLE	FEMMINILE

Oltre ai pianeti indicati nella colonna apposita, occorre tenere conto in taluni casi anche di quelli delle corrispondenze precedenti le scoperte astronomiche degli ultimi secoli: Giove è quindi in rapporto anche con il Settore 12 (Pesci), Saturno con il Settore 11 (Acquario) e Marte con il Settore 8 (Scorpione). Inoltre, in questo sistema, impieghiamo anche il nostro pianeta (la Terra) e gli asteroidi in orbita tra Marte e Giove. Nel lavoro astrosciamanico la Terra corrisponde al Settore 2 (Toro), mentre gli asteroidi in generale sono attribuiti al Settore 6 (Vergine).

più o meno indisturbata fino a quando, in particolari momenti della vita, non facciamo i conti con la realtà presente e con il movimento effettivo dei pianeti. In quei momenti, che l'astrologia denomina *transiti*, la temperatura sale e il ghiaccio cede mettendo in luce la precarietà dei congelamenti. Spesso si tratta di importanti occasioni in cui possiamo aprire dei varchi per scoprire qualcosa di più rispetto al mistero della vita che ci circonda.

La mappa astrologica indica cosa siamo ora in base a quello che abbiamo pensato e fatto nel passato. Essa fornisce un quadro dei rancori e dei blocchi che abbiamo creato nel corso della storia di questo pianeta. Questi congelamenti ostruiscono la nostra vera percezione e continuano a trattenerci in una dimensione di esperienza limitata. Alcune tradizioni insegnano che gli uomini si reincarnano continuamente a causa dell'attaccamento ai loro blocchi. "Se non li avessimo", dice Kabir Jaffe, "saremmo consapevoli, e non ritorneremmo sulla Terra. In questo senso la carta natale fornisce un quadro di tutto ciò che ci ha riportato indietro. È la somma di incarnazioni, di paure e speranze, una mappa dei condizionamenti da cui ci stiamo liberando. L'astrologia umanistica considera in genere la carta natale come un qualcosa che si deve completare. Se sei nato, per esempio, con il Sole nel Cancro, allora tenderai a portare a compimento la tua potenzialità di Cancro. Per me, invece, se sei nato Cancro è perché hai degli attaccamenti chiamati *Cancro* che stai cercando di far cadere. Ciò non significa che non porterai a compimento tutte le potenzialità inerenti all'essere un Cancro, bensì che ti trovi qui per andare oltre il Cancro, per trascenderlo"[4].

LE RELAZIONI TRA I PIANETI

In ciascun individuo, i pianeti hanno modalità di espressioni diverse a seconda delle loro posizioni al momento della nascita (fotogramma fisso) e dei loro spostamenti successivi (continuazione del film). Queste diversità di espressione sono misurate in base alle distanze angolari che si formano tra i pianeti. Alcune distanze sono considerate significative e vengono definite *aspetti*. Gli aspetti che si riferiscono a posizioni natali sono chiamati *aspetti di nascita*. Quelli che riguardano il rapporto tra posizioni natali e spostamenti successivi sono invece denominati *aspetti di transito*.

---

[4] Osho Press Service, comunicato stampa n. 6/89, giugno 1989.

Gli aspetti definiscono il tipo di relazione esistente tra due o più pianeti o punti astrologici e il modo in cui essi tendono a funzionare nelle aree descritte dalla mappa astrologica. Fondamentalmente, esistono due tipi di aspetti: quelli tradizionalmente ritenuti *facili* e quelli *difficili*. Gli aspetti facili indicano che tra le parti coinvolte esiste un'interazione spontanea e agevole, mentre quelli difficili, che qui preferiamo chiamare *energetici*, evidenziano una certa tensione o concentrazione di energia in grado di generare notevoli rancori o, in caso di rilascio, benedizioni sublimi.

Quando due pianeti sono in aspetto energetico (quadratura e opposizione) contribuiscono in genere a creare le principali situazioni di perdono e trasformazione nella vita di una persona. È soprattutto con essi che occorre confrontarsi durante i viaggi interiori. Con l'aiuto della Guida, possiamo visitarne i territori e iniziare a dialogare con i loro Spiriti Totem per sapere in base a quali motivazioni essi creano dei problemi.

Ogni situazione di malessere o crisi ha una sua precisa ragione e deriva da una mancata o errata comunicazione con uno o più Spiriti. È necessario prendersi responsabilità e rivendicare il proprio potere di intervento. Tramite la Guida, possiamo convocare gli Spiriti in conflitto ed esprimerci direttamente con loro. Possiamo informarli del nostro stato di malessere ed invitarli a operare in base al nostro Intento. Si tratta di chiedere loro di che cosa hanno bisogno per lavorare in armonia e di stabilire mutui accordi e impegni operativi.

Quando due pianeti sono in aspetto facile (congiunzione, sestile, trigono) possiedono potenziali spontanei per lavorare insieme e unire creativamente le loro energie. Raramente si trovano in conflitto anche se, quando il nostro Intento è confuso o separato dalla Funzione, causano spesso automatismi e stati di inerzia. Gli Spiriti in aspetto facile se la spassano così bene insieme che, in mancanza di un Intento chiaro o di un riconoscimento diretto nel mondo interiore, possono talvolta decidere di andarsene per i fatti loro o di porsi al servizio di altre persone o entità a cui l'Intento invece non manca. Quando ciò accade, sia nel caso di aspetti facili o energetici, si tratta di andare con la Guida a recuperare gli Spiriti che ci hanno *abbandonato*. Impiegando la carta natale e varie tecniche di viaggio interiore, possiamo individuarli, chiedere loro chiarimenti e ricondurli al nostro Intento di luce.

I RUOLI DI POTERE DEI PIANETI

I pianeti svolgono diversi ruoli a seconda delle posizioni nella carta natale. Questi ruoli determinano le condizioni e gli equilibri di potere tra gli Spiriti dei 12 Settori del Sacro Cerchio. Nell'astrosciamanesimo consideriamo tre ruoli principali: *governatore*, *residente*, *transitante*.

Il *governatore* rappresenta la massima autorità di ciascun Settore. Astrologicamente è il pianeta che maggiormente si associa alle caratteristiche di un dato segno o casa. Il ruolo di predominio sul Settore di competenza rimane tale in ogni circostanza e per qualsiasi individuo. Per esempio, la Luna è sempre il governatore del Cancro e della quarta casa anche se nel tema di una persona la Luna si trova in un altro segno o casa. Il *residente* si riferisce invece alla posizione specifica del pianeta nella carta natale e, di conseguenza, cambia a seconda di ciascun individuo. Per esempio, se una persona è nata con Saturno nel Cancro o nella quarta casa, il pianeta residente di quel segno o casa sarà Saturno. Il ruolo di potere di un *residente* varia a seconda della posizione e delle relazioni con altri pianeti. Il sistema tradizionale delle *dignità e debilità planetarie* consente a grandi linee di verificarne la portata. Il *transitante* è infine quel pianeta che in un determinato periodo di tempo transita attraverso un segno o casa. In termini astrosciamanici, gli Spiriti dei pianeti residenti o transitanti, che si trovano in segni o case di cui non sono governatori, agiscono come forze al servizio dello Spirito o pianeta governatore di quei segni o case.

9. Esercizi e pratiche esperienziali dei 12 Settori

Questo capitolo contiene brevi indicazioni sulle caratteristiche dei 12 Settori e la descrizione di alcuni esercizi e pratiche esperienziali, sia individuali che di gruppo, intese a favorirne l'esperienza e il riequilibro energetico. Per ciascun Settore sono indicate tra parentesi le corrispondenze di segno, casa astrologica, pianeti, direzione, stagione ed elemento.

Settore 1

(Ariete, prima casa, Marte, Est, primavera, fuoco)

Il Settore 1 è caratterizzato dall'espressione pura e libera dell'energia. Il suo fine immediato è la sopravvivenza e la difesa del corpo fisico, emozionale, mentale e spirituale, sia nell'identificazione individuale che in quella collettiva e universale. La capacità di esprimere quanto sopra si traduce qui in un'azione pura e realizzatrice, spontanea, diretta, e tesa alla soddisfazione di desideri e obiettivi. L'energia di Marte è neutra e non possiede una caratteristica precisa. È come un distributore che fornisce benzina per spostarci ovunque scegliamo di andare. Possiamo usare l'energia per realizzare obiettivi di luce, o per attaccare e distruggere. Ciò che conta è come decidiamo di impiegarla: vale a dire l'Intento. Se non ne siamo consapevoli, chiunque invece lo sia può manipolare l'energia e impiegarla per realizzare i suoi fini. L'energia ha sempre bisogno di un Intento per muoversi: può essere il nostro o quello di altri. In quest'ultimo caso, se siamo manipolati da qualcuno che ha un Intento di luce, le conseguenze potranno essere piacevoli, mentre in caso contrario saranno sgradevoli. Tuttavia, in entrambe le circostanze, siamo sempre inconsapevoli del nostro Intento e questa non è una situazione di potere poiché ci impedisce di essere padroni della nostra vita.

Ogni pratica che consente espressioni di rabbia o aggressività senza causare danni a se stessi o ad altri, e in contesti di protezione o ritualità, è particolarmente indicata per il riequilibro del Settore 1. Gli insegnamenti di Osho contengono molte tecniche a questo riguardo. La maggior parte inizia con una forte espressione di energia liberatoria e termina con celebrazioni, quiete e silenzio. All'inizio, quando si esplora il mondo interiore, dopo i primi momenti di estasi, che di fatto fungono da richiamo, è raro vedere cose piacevoli o provare beatitudine. È a questo punto che molte persone interrompono il loro percorso di ricerca interiore. "Per questo insisto perché all'inizio si facciano le meditazioni caotiche e solo in seguito le meditazioni silenziose: all'inizio le meditazioni attive e poi quelle passive. Ti puoi inoltrare nella passività solo dopo aver espulso dal tuo essere tutto il marcio accumulato"[1].

Picchiare un cuscino è una tipica pratica per lasciare uscire la rabbia. "Fai qualsiasi cosa ti senti: il cuscino non protesterà mai. È un aiuto, un aiuto straordinario. Non si può neppure immaginare quanto sia utile un cuscino. Picchialo, mordilo, sbattilo! Ti sentirai ridicolo, stupido, ma la rabbia è ridicola; non ci puoi far nulla. Per cui lascia che esploda e godila come un fenomeno di energia"[2]. La rabbia è di per sé un'emozione normale: la conseguenza del fatto che nella vita non sempre possiamo avere o fare quello che vogliamo. Purtroppo oggigiorno molti hanno difficoltà a esprimere questa emozione in modo naturale e, di conseguenza, l'energia non fluisce liberamente, il sistema di difesa immunitario si indebolisce e le espressioni più elevate di Marte (coraggio, iniziativa, forza, devozione) vengono meno. Il primo passo degli esercizi del Settore 1 è quello di mobilitare la rabbia. Ovviamente, ciò non significa che bisogna scaricarla addosso agli altri per sentirsi così liberati dalle emozioni represse. La pratica degli esercizi richiede sempre responsabilità, vigilanza, e situazioni ambientali in cui non è possibile arrecare danni a se stessi o ad altri.

Gli esercizi fisici, e in particolare la *corsa*, se svolti con sacralità, sono strumenti di grande potenza per l'espressione dell'energia marziana. Quando si corre con totalità, il flusso dei pensieri convenzionali cessa di ostruire la consapevolezza, i blocchi dei rancori vengono rilasciati e l'energia circola liberamente. Una tecnica consiste

---

[1] Osho Rajneesh, *Il libro arancione: tecniche di meditazione*, Edizioni Mediterranee, Roma, 1983, pp. 34-35.

[2] Osho Rajneesh, *op.cit.*, p. 35.

nel correre sul posto per almeno 10 minuti, sollevando al massimo le ginocchia, tenendo le braccia alzate (o muovendole su e giù) e intonando canzoni o grida di potere. Un'altra possibilità è correre ad alta velocità in un ambiente naturale, andando avanti finché si è sfiniti e poi lasciarsi cadere esausti sul terreno.

Il Settore 1 è spesso un banco di prova per l'ego e per la sua riluttanza ad affrontare situazioni che possono creare disagio. Alcuni atteggiamenti di timidezza e passività sono talvolta ricettacoli di forti rancori. Un utile esercizio consiste nel prendere iniziative e *affermare se stessi* con coraggio e dignità. Se c'è qualcosa che vuoi o desideri, si tratta di chiederlo direttamente senza stare ad aspettare. Talvolta, per creare imbarazzo all'ego, puoi deliberatamente assumere modi *egoistici*. Per esempio, acquistare un francobollo con una banconota di taglio alto e pretendere il resto, fingere per qualche minuto di aver dimenticato il portafoglio dopo una cena al ristorante, ecc.

Le danze del Settore 1 consentono l'assorbimento e il rilascio di grandi quantità di energia utili per affrontare sforzi fisici e situazioni in cui occorre affermare il proprio potere. Esse sono indicate anche per superare momenti di debolezza, depressione e stanchezza. Un passo tipico è lo *staccato* di Gabrielle Roth: una serie di movimenti acuti, angolari, veloci, ben definiti, con inizio e fine netti, accompagnati da espirazioni rapide e rumorose. Tutti i movimenti o stimoli che evocano situazioni di emergenza, attacco, forza, competizione e aggressività sono ideali per le danze marziane.

Per attivare il Settore 1, una situazione tipica da immaginare o mimare è quella di farsi largo tra la folla per prendere un treno in partenza. In questo caso è necessario sentire che raggiungere il treno è una questione vitale. Attiva i tuoi meccanismi di sopravvivenza. Non importa se ci sono altre persone intorno: ciò che conta è riuscire a salire sul treno. Poni l'attenzione sul primo, secondo e terzo chakra, muoviti centrato su quei punti e raccogli energia dalle gambe e dallo stomaco. Una volta raggiunto il treno, fermati immobile, respira profondamente e osserva bene come ti senti.

Tutte le pratiche di gruppo fondate su azioni e iniziative concrete ben si armonizzano con Marte. Gli esercizi basati su antagonismo, affermazione personale e spirito guerriero consentono di attivare il Settore 1, evidenziando eventuali blocchi che possono in seguito essere liberati mediante l'uso di specifiche pratiche rituali.

Nell'esercizio della *lotta del sì e del no*, due partner si fronteggiano e, senza entrare in contatto fisico, combattono verbalmente tra loro. Uno di essi dice *sì* e l'altro *no*, o *io posso* e *tu non puoi*, o altre varianti basate su affermazioni e negazioni. Altri esercizi prevedono simulazioni di lotta tra due o più avversari che impiegano armi energetiche invisibili, o situazioni di rilascio collettivo di rabbia.

Settore 2

(Toro, seconda casa, Venere, Terra, Est, primavera, terra)

Con il Settore 2 entriamo nel mondo della forma e della materia. Questa sfera, così come viene in genere percepita, si esprime nell'identificazione per eccellenza che abbiamo di noi stessi e degli altri: il corpo fisico. Nel Settore 2 esploriamo l'effettiva natura della materia e l'onoriamo attraverso la capacità di goderla pienamente. Tale capacità diventa strumento di crescita e consolidamento spirituale quando si collega con l'Intento di luce. Nel Settore 2, beni ed esperienze materiali sono strumenti per costruire e consolidare i nostri sogni sacri. Quando siamo in grado di misurarci pienamente nel rapporto con le risorse fisiche, creiamo quel radicamento essenziale per procedere verso un percorso spirituale sincero e autentico. La vita del Buddha è un esempio rappresentativo. Il percorso che lo condusse all'illuminazione non fu frutto di sacrifici o repressioni di desideri materiali, ma il risultato di un'insoddisfazione spontanea derivata da ventinove anni trascorsi nella ricchezza e nell'appagamento di ogni piacere terreno.

L'energia del Settore 2 coinvolge il corpo e ci rende presenti con tutti i sensi. Più partecipiamo attivamente e con totalità fisica, maggiori sono i risultati nel lavoro interiore. Un esercizio a riguardo consiste nello scegliere un'*attività di piacere* e goderla con totalità nel mondo interiore per almeno 10 minuti. Compila una lista delle cose o situazioni che ti danno molto piacere. Trascrivi semplicemente quello che senti o ti passa per la mente. Se ti arrivano pensieri di cose spiacevoli, considera l'aspetto contrario. Seleziona i dati che hai raccolto e disponili in ordine di priorità. Scegli il più forte e visualizza un'esperienza completa di quel piacere nel presente. Usa tutti i tuoi sensi e impiega ogni parte del corpo per vivere al massimo quella situazione. Entraci pienamente finché arrivi a un senso completo di appagamento.

Gli squilibri del Settore 2 si manifestano spesso con ritmi di lavoro incessanti che, nei pochi momenti di pausa, generano attaccamenti e dipendenze ossessive (consumi di dolci, bevande, fumo, acquisti, sesso, ecc.). La tranquillità e il riposo sono potenti medicine per questo Settore. "Riposo vuol dire silenzio, quiete, rilassamento, calma, pacatezza, raccoglimento, meditazione. Uno stato di non occupazione mentale, di vuoto, di silenzio, liberi dall'idea di fare qualcosa, di andare da qualche parte, senza correre verso una meta, essere semplicemente qui e ora. Questo è riposo"[3].

Il *rapporto con la natura* è fondamentale nel lavoro astrosciamanico. Trascorrere regolarmente alcune ore in mezzo al verde è un'esigenza vitale per equilibrare il Settore 2. Visita boschi, prati, montagne, colline e qualsiasi luogo che ti permette di entrare a diretto contatto con la natura. Se non riesci ad allontanarti dalla città, recati nel parco urbano più vicino. Instaura un rapporto regolare con questi ambienti: parla con gli alberi, medita accanto a loro, abbracciali, porta dei doni.

Il *denaro* rappresenta una tematica chiave del Settore 2. Gli esseri umani dedicano la maggior parte delle loro energie per procurarsi denaro, ma di rado trovano il tempo per comunicare effettivamente con esso. Ogni sera prendi il portafoglio ed estrai i soldi che contiene. Deponili al centro del Sacro Cerchio e parla con loro. Comunicagli il tuo Intento e la volontà di collegarlo alla Funzione. Appoggia quindi le mani su questo denaro, irrorandolo di amore e benedizioni. In tal modo, una volta speso, potrà fare circolare questa energia. Il denaro è il materiale che circola di più sulla Terra. Passa di mano in mano, caricandosi delle vibrazioni di innumerevoli esseri. La nostra responsabilità consiste nell'impiegare il denaro in accordo con l'Intento di luce. In questo modo il denaro diventa portatore delle motivazioni più sacre.

La misura in cui siamo attaccati alle cose e alle persone determina la quantità di energia che possiamo investire nella vita. Buona parte del potere personale rimane legata a oggetti, persone, ricordi o vecchi miti di miseria e non è disponibile per la nostra crescita. A un livello energetico è utile disfarsi di ciò che da tempo non ha più alcuna utilità. Per esempio: vestiti che non indossiamo, mobili da anni in cantina, oggetti e strumenti mai usati. È altrettanto importante portare a termine qualsiasi progetto incompleto. Il nostro inconscio è come un computer che prende nota di tutte le promesse. Se diciamo a noi stessi che vogliamo imparare a dipingere, e compria-

---

[3] Osho Rajneesh, *Philosophia Perennis: Discorsi sui Versi Aurei di Pitagora*, vol. II, ECIG, p. 38.

mo tutto il materiale, ma tuttavia continuiamo a rimandare questo obiettivo, parte della nostra energia vi rimane bloccata. Esamina ciò che possiedi e osserva se hai accumulato materiali per realizzare progetti ancora in sospeso. Scegli di portare a termine questi progetti o rinunciaci definitivamente. In quest'ultimo caso, liberati di quei materiali. Trova qualcuno a cui donarli o scambiali con qualcosa che ti può essere utile ora.

Qualunque esercizio di gruppo che consente l'impiego del corpo in modo consapevole, sensuale e piacevole è indicato per il Settore 2. Un esempio ideale sono le pratiche di massaggio, specialmente quelle in cui si opera impiegando, oltre le mani, anche altre parti del corpo, come piedi, bacino, busto o ginocchia. Nella *fila di massaggio* ci si dispone in coda e ognuno, per qualche minuto, massaggia dalla testa ai piedi chi sta davanti. In una variante, ciascuno interpreta la parte del corpo corrispondente a un Settore (per esempio, Settore 1 – testa; 2 – collo, ecc.). Ogni *parte del corpo* si mescola poi per la sala e al ritmo di una musica sensuale inizia a danzare. In seguito le parti si uniscono secondo l'ordine zodiacale e danno vita a un unico corpo che si muove sempre al ritmo di danza. L'esercizio termina con una fila di massaggio.

Settore 3

(Gemelli, terza casa, Mercurio, Est, primavera, aria)

Con il Settore 3 entriamo nella sfera di comunicazione e distribuzione delle informazioni. Qui la mente svolge un ruolo essenziale ed è sollecitata da enormi quantità di dati. La mente è un sofisticato computer multimediale i cui dati (forme pensiero) sono proiettati all'esterno su uno schermo virtuale (percezione del mondo). Tutto ciò che vediamo ed esperiamo diventa, in quest'ottica, la proiezione dei nostri pensieri. Quando certe forme pensiero predominano o si duplicano a spirale, creano effetti barriera che impediscono l'accesso ad altre informazioni. In questo modo, le prestazioni mentali si riducono e la vita diventa la ripetizione continua della stessa routine. Il Settore 3 è vitale per lo scambio di informazioni e il collegamento tra i 12 Settori. La sua padronanza permette di sintonizzare le frequenze vibratorie e gli strumenti di comunicazione con l'Intento di luce. Quando questa capacità è acquisita, ogni espressione, sia verbale che fisica, diventa una rappresentazione dell'Intento e contribuisce ad agevolarne la propagazione.

Una prima pratica di riequilibrio generale per il Settore 3 è il *gibberish*[4]. Esso consiste nell'esprimersi impiegando suoni e parole prive di senso accompagnate da gesti e movimenti. Ciò permette di entrare in rapporto con un'espressione autentica dell'energia, priva delle mediazioni formali dei linguaggi convenzionali. Il gibberish interrompe il flusso automatico delle forme pensiero e consente una liberazione catartica delle tensioni a livello fisico ed emotivo. L'uso del gibberish, e di pratiche come mantra e scale planetarie[5], permette di accedere all'*idioma sacro*: il verbo originario comune a ogni forma di vita.

Le bugie sono tipiche di Mercurio e possono essere utilizzate da coloro che hanno bassa autostima o forti tendenze al pessimismo. La tecnica del *dire bugie a se stessi* consiste nel trascrivere un inventario dei principali pensieri negativi, e di elaborare l'elenco dei loro contrari. Per esempio: svolgo un lavoro insignificante (svolgo un lavoro che mi soddisfa pienamente), parlo male e non dico ciò che sento veramente (mi esprimo bene e dico apertamente ciò che sento), ecc. Per un periodo di alcune settimane occorre ripetere le *bugie* il più spesso possibile, in particolare, davanti allo specchio, ad alta voce, prima di dormire, al risveglio, e in qualsiasi momento i pensieri negativi cercano di prendere il sopravvento.

Le danze del Settore 3 sono leggere, veloci, attive, fulminee, con cambiamenti di direzione continui. Mani e braccia sono messe in particolare risalto e si muovono mimando messaggi e stati d'animo. Possiamo impiegare queste danze per stimolare le funzioni mentali, risvegliare la consapevolezza dell'Intento e rivelare situazioni di inganno o falsità.

L'impiego del gibberish è ideale anche negli esercizi di gruppo di questo Settore. Per esempio, tre persone possono creare una scena di un film e parlare in gibberish, fermandosi dopo ogni battuta per consentire ad altri di fare il doppiaggio. Oppure, a coppie, si può raccontare a turno la storia della propria vita o esprimere opinioni su un dato argomento.

Nel *passaggio di movimenti sonori* i ricercatori si sistemano in cerchio e uno di loro sta al centro. Questa persona fa alcuni movi-

---

[4] Termine in inglese che significa "parole inintelligibili, gergo incomprensibile".

[5] Franco Satpathi Santoro, "Le scale planetarie: astrologia come linguaggio di energia e trasformazione", in *Alpha Dimensione Vita: viaggi nella dimensione interiore*, anno II, n. 10.

menti ed emette dei suoni, spostandosi intorno finché sente di averli espressi completamente. A questo punto li passa a qualcun altro e si sistema nella posizione di quella persona. Questa entra nel centro e copia i movimenti e i suoni che le sono stati passati. Poi inizia a cambiarli fino a fargli assumere un'altra forma. Quando ha terminato, li passa a un'altra persona e così via. È un esercizio ideale per creare forti collegamenti nel gruppo e consentire l'accesso a livelli di comunicazione non ordinaria.

Nella *sfida di parole*, un ricercatore dice ad alta voce una parola e indica qualcuno nel cerchio. Quella persona pronuncia un'altra parola e indica qualcun altro, e così via. È possibile usare qualsiasi parola a eccezione di quelle che sono già state dette. Man mano che si procede il gioco prende velocità e richiede riflessi pronti e agilità mentale. Nel classico gioco del *telefono* le persone si sistemano in cerchio e qualcuno comincia a sussurrare una frase nell'orecchio di chi è accanto. La frase viene passata varie volte nel cerchio e alla fine qualcuno la pronuncia ad alta voce.

Speedreading (interpretazione veloce) è un esercizio per stimolare la conoscenza istintiva dell'astrologia. Dopo aver stabilito su quale simbolo astrologico lavorare, i partecipanti si sistemano in cerchio e in rapida successione dicono una parola chiave a riguardo. Per esempio, se il tema è Mercurio, le parole possono essere "velocità, destrezza, comunicazione, telefono, postino, messaggio, inganno, ecc.". Durante l'esercizio ci si astiene da commenti o correzioni. Se qualcuno non riesce a rispondere entro tre secondi, si passa rapidamente al ricercatore successivo. In questo esercizio, i partecipanti che credono di "non sapere niente di astrologia", rimangono stupiti per le loro conoscenze inaspettate[6].

Settore 4

(Cancro, quarta casa, Luna, Sud, estate, acqua)

L'esplorazione del Settore 4 è in relazione con il ritrovamento delle proprie radici e il recupero del rapporto con il bambino interiore. Qui si ha l'opportunità di viaggiare nel passato e di evocare memorie mitiche capaci di condurre all'Intento originario. Relazionandoci con la Luna possiamo attivare i ricordi più autentici e

[6] Angel Thompsom, "Transformational Astrology", in McEvers, *op.cit.*, p. 241.

individuare i bisogni reali del presente per distinguerli da quelli legati ai rancori del passato. Nel Settore 4 si esprime la capacità di ricevere nutrimento e protezione, di provare un senso di appartenenza verso qualcosa di più grande (famiglia, tribù, Terra, universo, Dio). Qui si manifesta, a sua volta, la facoltà di prendersi cura degli altri, di fornire nutrimento, di operare come canali di protezione e sostegno.

Gli esercizi del Settore 4 sono ideali quando ci troviamo in ambienti tranquilli e pieni di armonia. Riequilibrare il Settore 4 significa prima di tutto prendersi cura del bambino interiore. *Cantare una canzone* al bambino interiore è un modo per mostrare il senso di unità e amore per questa parte. Puoi impiegare un canto tradizionale, o improvvisarne uno, usando parole inventate al momento. Il bambino interiore non è un critico musicale, né un linguista, ma riconosce molto bene la voce che viene dal cuore.

Le danze del Settore 4 si esprimono in vari modi a seconda del tipo di sensibilità. Si tratta di movimenti in grado di risvegliare l'intuizione, il rapporto con le realtà non ordinarie, e la comprensione del linguaggio dei sogni. I movimenti lunari consentono inoltre di diventare molto ricettivi. Muoviti lentamente, in modo passivo e senza alcuno sforzo, come se tu non ci fossi. Sei come un bambino che riceve il supporto incondizionato della madre. Ti muovi come se avessi appena imparato a camminare. Sei cauto negli spostamenti e osservi le cose attorno a te come se le vedessi per la prima volta. Ti abbandoni liberamente a ogni tipo di movimento, rotolando, saltando, cadendo, facendo versi, camminando a carponi, canticchiando, e sentendoti sempre accettato e amato.

Anche i *lavori domestici*, se vengono celebrati come pratiche rituali, possono produrre stati di trance e rapporti con realtà non ordinarie. Il lavaggio dei piatti o della biancheria diventa così una pratica di purificazione, mentre i movimenti di impasto della farina e di pulizia della casa possono indurre profonde trasformazioni interiori.

Una semplice pratica rituale del Settore 4, in uso presso molte tradizioni, è la *benedizione del cibo*. Essa consente di caricare gli alimenti di energia. A questo riguardo vi sono molte possibilità: per esempio, puoi posare la mano sinistra sul cuore e la mano destra sopra al cibo, chiedendo che l'energia del tuo Intento più puro sia passata agli alimenti.

La pratica della *linea del tempo* consiste nel tracciare su un foglio una riga che parte dal giorno della nascita e arriva fino al momento presente. Dopo aver riportato gli episodi più significativi, si compie un viaggio interiore a ritroso nel tempo. L'esercizio può basarsi anche su una linea che comprende il tempo precedente alla nascita: gestazione, fecondazione, nascita dei genitori, nonni, fino alla prima comparsa dell'uomo o al Big Bang.

Un esercizio frequente nel lavoro di gruppo è la *danza dello specchio*: una pratica a coppie che esprime la dialettica tra Sole e Luna. Un danzatore guida (Sole), mentre l'altro (Luna) ne imita i movimenti fino a quando non vengono invertite le parti.

Un classico esercizio lunare consiste nello scegliere qualcuno verso cui si prova un senso di protezione. Una parte svolge il ruolo materno, mentre l'altra interpreta quello del bambino. Quest'ultimo si esprime, senza parlare, usando suoni e movimenti, mentre la madre lo conforta e se ne prende cura totalmente.

Il *Cerchio della Luna* è una pratica di guarigione che consiste nell'esprimere la capacità di nutrire o essere nutriti. Una persona inizia tenendo la carta del Settore 4 del Set del Sacro Cerchio. Dopo essere entrata in rapporto con il suo bambino interiore, si rivolge a un Settore, rappresentato da un altro ricercatore, e chiede di ricevere qualcosa. Per esempio: "Vorrei un abbraccio", "Per favore, dimmi che mi vuoi bene", "Vorrei essere coccolata", ecc. La persona a cui viene rivolto l'invito ascolta prima con attenzione, poi dà ciò che è stato richiesto. Una volta che il bisogno è stato soddisfatto, la carta del Settore 4 passa alla persona che ha svolto il ruolo di supporto. Questa esprime una richiesta a un altro Settore, e il lavoro continua finché ciascuno ha espresso almeno una volta un suo bisogno.

Settore 5

(Leone, quinta casa, Sole, Sud, estate, fuoco)

Il Settore 5 è la chiave per esplorare il nostro potenziale di luce e per viverlo nel mondo sull'onda di una ferma fiducia in noi stessi e nella sacralità dell'esistenza. Qui si colloca il Sole, la sede ufficiale dell'Intento. In questo Settore si esprime una dignità che riguarda il dato di fatto di avere il potere, non la lotta per conquistarlo. Il Sole è rilassato nel suo potere così come lo è il monarca, poiché tale potere emana da un diritto di nascita. E questa è proprio la condizione effettiva del nostro potere. Si tratta quindi di diventarne consapevoli, senza prenderlo o estorcerlo da altri, ma ricevendolo dalla sua vera fonte. Il Settore 5 è la via maestra che ci collega all'Intento di luce. È come un'ampia autostrada che permette di partire dalla consapevolezza dell'ego per raggiungere quella del centro divino. Essendo la strada principale, è anche quella che presenta il maggior numero di deviazioni. Talvolta queste appaiono così seducenti da essere scambiate per la strada principale.

Nell'astrosciamanesimo, l'incontro con il Sole rappresenta in genere la prima tappa nel lavoro con la Guida. Sebbene ogni Spirito appartenga all'asse orizzontale e abbia una posizione di uguale valore al suo interno, il Sole svolge un ruolo privilegiato in quanto rappresenta la via di accesso principale all'asse verticale. Di conseguenza, la Guida, prima di essere riconosciuta come tale, deve riuscire a metterci in contatto con l'energia solare.

In molte tradizioni sono numerose le pratiche di saluto e connessione con il Sole. Nelle religioni antiche si usava pregare all'alba perché il sorgere del Sole corrisponde al momento in cui emerge l'Intento di luce. La seguente *meditazione del Sole* serve per collegarci con il Sole e la sua energia creativa. Siediti o sdraiati comodamente all'aperto. Togliti le scarpe, rilassati e rimani immobile. Chiudi gli occhi e diventa consapevole della luce del Sole. Considera la sua posizione nell'universo e la sua relazione con la Terra. Poi diventa consapevole dei suoi aspetti interiori: luce, calore, vita, amore, ecc. Esplora questi aspetti e osserva che cosa significano per te. Porta la tua consapevolezza dalla testa al resto del corpo. Lasciala penetrare in ogni singola cellula. Una volta che hai raggiunto una sensazione completa degli aspetti interiori del Sole nel tuo corpo fisico, lascia che si irradi nella sfera emotiva, mentale e spirituale. Poi inizia a diffonderla all'esterno. Irradia la luce nell'ambiente e via via per ogni dove. Riporta l'attenzione al tuo corpo, ringrazia il Sole, apri gli occhi e porta con te questa consapevolezza per tutto il giorno.

Una pratica importante del Settore 5 consiste nell'esprimere apprezzamento e gratitudine per ciò che di bello e luminoso vediamo negli altri. Spesso le persone non sanno di essere belle, o di possedere certe qualità, semplicemente perché nessuno lo ha mai fatto loro notare. Alcuni finiscono perfino col considerare i loro talenti come difetti ed errori. Esprimere apprezzamento e incoraggiamento per ciò che vediamo di positivo attorno a noi è una potente pratica di guarigione. E soprattutto si tratta di una tecnica semplice e alla portata di tutti.

Per stimolare la danza del Settore 5, cammina con passi lunghi e imponenti, in modo forte e luminoso. Centrati su testa, spalle e cuore, alza il mento e il petto. Sii radiante. Focalizzati sull'inspirazione, immaginando che a ogni respiro ti riempi di luce e forza. Sentiti come una regina o un imperatore. Assumi un portamento nobile ed esagera la tua grandezza. Dopo aver inserito un pezzo musicale di grande imponenza, sali su uno sgabello e comincia ad agitare le braccia fingendo di essere un famoso direttore d'orchestra.

Gli esercizi di gruppo che provocano le sensazioni più forti sono in genere quelli del Settore 5. Questi esercizi durano spesso più a lungo, perché si sviluppano come giochi e finiscono con essere fonte di piacere e soddisfazione. L'attività del giocare è di per sé un elemento di attivazione dell'energia del Sole. Ogni gioco è quindi adatto, soprattutto quando apporta divertimento ed esibizione o permette di esprimere creatività e potere. I giochi vengono usati inoltre per rompere il ghiaccio all'inizio dei gruppi e per consentire a ciascuno di ricevere attenzione ed essere riconosciuto.

Nel gioco dell'*eco del nome* i ricercatori si sistemano in cerchio. Ognuno a turno entra all'interno, grida il suo nome e poi lo lascia seguire da suoni, movimenti, canti, salti, ecc. Gli altri fanno l'eco, ripetendo per tre volte il nome e i suoni o movimenti. Nel *cuscino del nome*, qualcuno prende un cuscino dicendo ad alta voce il suo nome, poi lo lancia a un altro ricercatore che a sua volta grida il suo nome e così via. Dopo diversi passaggi, ci si ferma e si cambiano le regole. Questa volta, si tratta di tirare il cuscino a qualcuno dicendo il nome di quella persona. Quindi si continua come prima. Nel *canto del nome* ognuno si siede a turno a occhi chiusi nel centro del Sacro Cerchio così da rappresentare il simbolo del Sole. Lentamente il gruppo inizia a cantare il nome di chi sta al centro. Questi, al termine, può alzarsi e sollevare le braccia al cielo per essere completamente riconosciuto.

Quando il gruppo è affiatato, si possono impiegare esercizi più impegnativi, come il *Cerchio del Sole*. Similmente al Cerchio della Luna, un ricercatore inizia tenendo in mano la carta del Settore 5. Dopo essere entrato in rapporto con il suo Sole interiore, si rivolge a un Settore, rappresentato da un'altra persona, e le consegna la carta. Poi le dona qualcosa di piacevole: complimento, abbraccio, osservazione positiva, ecc. Per esempio: "Grazia, sei molto dolce e bella", "Giorgio, mi piace il tuo sorriso e la tua delicatezza". La persona a cui viene rivolto il complimento ascolta con attenzione e fa il possibile per riceverlo pienamente. In seguito, prende la carta del Settore 5 e continua il gioco, rivolgendo il complimento a un'altra persona. L'esercizio prosegue fino a quando ciascuno ha ricevuto almeno una volta un complimento.

Nell'esercizio del *premio*, ogni partecipante interpreta a turno il ruolo di una grande personalità che si appresta a ricevere un premio. Si tratta di salire su un podio immaginario, ricevere gli applausi degli altri ricercatori, fare un breve discorso o cantare una canzone e poi ricevere il premio.

Settore 6

(Vergine, sesta casa, Mercurio, Asteroidi, Sud, estate, terra)

Il Settore 6 corrisponde alla fase di selezione e assimilazione del ciclo dei Settori. Qui il lavoro di discriminazione tra ciò che è utile o inutile può diventare molto impegnativo. È essenziale concentrarsi sulle risorse piuttosto che sui rifiuti. Se questo non accade, il materiale di scarto rischia di essere trattenuto e provocare così effetti nocivi. Il Settore 6 riconosce e definisce la collocazione di ciascuna forma visibile, o apparentemente invisibile, esistente nell'universo. È come una sorta di archivio generale dove si documentano e classificano tutte le informazioni. Qui sono contenuti i fascicoli di ogni essere che vive o ha vissuto sulla Terra con indicazioni dettagliate riguardo al suo passato, presente e futuro.

Qualsiasi lavoro di guarigione sul corpo (digiuni, diete, *shiatsu*, *Reiki*, massaggi, ecc.), sia individuale che di gruppo, è in sintonia con il Settore 6. Altre pratiche utili si basano sull'impiego di capacità manuali, doti di pazienza e attenzione ai dettagli: per esempio, costruzione di oggetti di potere (scudi di medicina, sonagli, mappe astrosciamaniche, ecc.) e riparazioni di attrezzature.

Nell'astrosciamanesimo una pratica di grande importanza consiste nel documentare, selezionare e conservare le informazioni ottenute durante i viaggi interiori. In genere si usa un *diario di viaggio* dove si raccolgono impressioni, immagini, visioni, sogni, parole significative, disegni, sigilli, ecc. Il diario consente di tracciare gli itinerari dei viaggi e di ricordare informazioni che potrebbero facilmente perdersi. Un'altra precauzione è di usare un *registratore* con microfono e audiocassetta su cui incidere la descrizione simultanea dei viaggi. Un sistema di memorizzazione più sottile consiste nel portare con sé speciali pietre (cristalli di quarzo, ematite, ecc.) programmate per registrare i contenuti dei viaggi.

Una pratica che ben si addice al Settore 6 è quella del *digiuno*: la forma di guarigione naturale più antica. Il digiuno è sia un mezzo per ripulire il corpo e migliorare la salute, che una pratica di purificazione spirituale. L'astinenza dal cibo permette la pulizia dell'intestino e la liberazione di condensazioni tossiche. Allo stesso tempo consente al corpo di mettere a riposo alcune sue funzioni e di rigenerarsi. Durante la ricerca della visione si usa in genere digiunare, così come prima di entrare in una capanna sudatoria o nel corso di particolari rituali. Attraverso questo gesto si comunica al corpo e allo spirito la volontà di *morire temporaneamente*. Per alcune persone il digiuno può sembrare veramente una morte, per altre può invece essere una gradevole occasione di riposo da mansioni come cucinare e lavare i piatti.

Chi ha forti valori nel Settore 6 rischia spesso di essere oberato da ogni tipo di lavoro e preoccupazioni a questo riguardo. Una pratica pertinente consiste nell'identificare tutti i lavori e gli impegni iniziati o progettati ma non portati a termine. Prendi un foglio e fai due liste: una per i lavori che intendi finire, l'altra per quelli a cui rinunci. Nella lista dei lavori da completare assegna a ciascuno un numero in ordine di importanza e stabilisci una scadenza. Per quanto riguarda i lavori da lasciar perdere, traccia una sbarra sui loro nomi e rinunciaci definitivamente. In questo modo ti liberi di tutta l'energia trattenuta dai progetti in sospeso e la rendi disponibile per realizzare i lavori che hai scelto.

Una caratteristica dei rancori di questo Settore consiste nel lamentarsi, ingigantire i problemi, criticare e giudicare se stessi o gli altri. In questi casi l'*astensione dal giudizio* è una pratica indispensabile. Trascorri una giornata intera astenendoti dall'esprimere giudizi, critiche o lamentele. Concediti di passare questo giorno nell'accettazione totale di ogni cosa o persona, sia nei tuoi pensieri che nella realtà concreta. Evita di fare eccezioni a riguardo. Quando smettiamo di criticare e giudicare gli altri, accettandoli per quello che sono, senza cercare di volerli diversi a tutti i costi, cominciamo allo stesso tempo ad accettare noi stessi. Per rendere più completa la pratica, rinuncia anche a discussioni o situazioni che favoriscono lamentele e critiche. Può essere utile astenersi inoltre, almeno per qualche giorno, dal guardare la televisione, ascoltare la radio o leggere il giornale. Questi mezzi vengono generalmente usati per diffondere cattive notizie e promuovere lamentele e malcontento. La maggior parte dei notiziari sono colmi di informazioni su processi, delitti, problemi, sciagure. Ciò contribuisce a riciclare forme pensiero negative e a rafforzare l'idea che occorre ricercare dei colpevoli.

Una pratica di gruppo del Settore 6 consiste nel far sdraiare qualcuno al centro del Sacro Cerchio. Gli altri ricercatori, dopo essere entrati in sintonia con il Settore in cui si trovano, adagiano le loro mani nelle zone corrispondenti del corpo del ricevente.

I giochi basati sul rapporto tra *servo e padrone* ben si addicono all'energia del Settore 6. Chi svolge la parte del padrone può, per esempio, lamentarsi o trovare dei difetti in qualunque cosa il servo faccia o dica. Quest'ultimo, dopo aver accettato le critiche del padrone, ha il compito di trovare una scusa o di giustificarsi. Da un lato si tratta di essere il più creativi possibili nel cercare dei motivi per lamentarsi, mentre dall'altro occorre esserlo nelle scuse.

Settore 7

(Bilancia, settima casa, Venere, Ovest, autunno, aria)

Nel Settore 7 risiede il potere di creare relazioni armoniose tra i diversi Settori e di operare per un'unica Funzione attraverso l'equilibrio di diversi Intenti. È una zona in cui si mette in atto ogni tentativo per favorire collaborazione, equità, e amore. Il Settore 7 è anche in rapporto con il nostro lato ombra più evidente: quello che proiettiamo all'esterno e che con frequenza ci portiamo dietro proprio come l'ombra fisica. Questo lato si manifesta spesso nelle persone che ci stanno vicino. Poiché il Settore 7 assorbe così tanta energia nelle relazioni esterne, è forse uno dei territori più difficili da esplorare interiormente e, di conseguenza, una delle aree più soggette a squilibri.

Nell'astrosciamanesimo il rapporto con la Guida, e le forme interiori delle persone, consente di equilibrare e guarire le energie che disperdiamo o soffochiamo nelle relazioni ordinarie. Il modo in cui viviamo i rapporti con gli altri è il riflesso dell'interazione con il mondo interiore. In genere, se non riusciamo ad avere relazioni armoniche all'esterno, è perché non instauriamo rapporti profondi all'interno. La Guida è l'unica figura che dà la garanzia di essere sempre fedele e costante nei sentimenti che prova verso di noi. Tuttavia, poiché la sua presenza è discreta e priva di invadenza, è necessario che siamo noi a prendere l'iniziativa di rapportarci con lei. Trattare la Guida come il proprio amato o compagno interiore è talvolta un modo molto efficace per riequilibrare il Settore 7.

L'impiego di semplici e calorose forme di saluto è una pratica potente per apportare armonia nelle relazioni. Talvolta l'espressione calorosa e totale di un saluto è sufficiente a guarire anche le più pesanti situazioni di conflitto. Le parole e i gesti che impieghiamo quando incontriamo qualcuno sono molto importanti. Nella vita non esistono incontri casuali. "Ogni volta che incontri qualcuno, ricorda che si tratta di un incontro sacro. Come vedi lui, vedrai te stesso. Nel modo in cui lo tratti, tratti te stesso. Come lo pensi, pensi te stesso. Non dimenticarlo mai, poiché in lui troverai o perderai te stesso" (*ACIM*, T132). Le forme di saluto di molte tradizioni sono espressioni di questa consapevolezza. In India si usa di solito il termine *namasté*, ovvero "mi inchino dinanzi alla Luce che c'è in te", accompagnato da un inchino effettivo con le mani giunte al petto. In alcune forme di saluto dell'Africa Centrale una persona dice all'altra "sono qui per essere visto" e quest'ultima risponde "ti vedo". Nella tradizione Maya esiste l'espressione *en lak'ech/a lak'en* che significa "io sono un altro te. Tu sei un altro me". L'impiego del corpo come forma di saluto trova la sua espressione più coinvolgente nell'abbraccio. L'abbraccio pieno e totale consente un contatto diretto tra le energie delle persone ed evidenzia la disponibilità a uno scambio aperto e fraterno.

I movimenti di Venere sono pieni di fascino e attrazione, seducenti e, allo stesso tempo, innocenti. Per attivarli puoi fingere di essere innamorato, esagerando le tue sensazioni e l'apertura del cuore. Ritorna indietro nei momenti in cui hai vissuto le esperienze di amore più forti, muoviti come allora e danza quegli istanti. Le danze del Settore 7 stimolano la capacità di relazionarsi in modo sacro, esprimere amore e attirare verso di sé ciò che si desidera.

Tutte le pratiche che coinvolgono due persone, soprattutto se di sesso diverso, si conciliano bene con l'energia venusiana. Nel gioco del *contatto* i ricercatori si muovono per la sala a occhi chiusi. Quando due persone entrano in contatto fisico o avvertono le loro reciproche presenze, pongono ciascuna la propria mano sul cuore dell'altra. In questa posizione rimangono per alcuni minuti, facendo attenzione a quello che sentono verso il partner. Poi si spostano per stabilire ulteriori contatti.

Il partner, sia nella vita ordinaria che in un esercizio, è sempre rappresentativo del lato ombra. Negli incontri di gruppo, attraverso la proiezione dei ricercatori con cui ci confrontiamo, possiamo entrare in rapporto con i nostri lati oscuri e recuperarli alla nostra consapevolezza. Durante il lavoro rituale di gruppo si può chiedere a ciascuno di inviare raggi di luce dal proprio cuore a quello di ricercatori verso cui sente sintonia, amore o attrazione. In seguito si tratta di fare lo stesso nei confronti di coloro verso cui si prova indifferenza, difficoltà o repulsione. In questa fase, come in quella precedente, è necessario seguire il ritmo del respiro e operare non solo per dare, ma anche per ricevere energia da ciascun ricercatore.

Settore 8

(Scorpione, ottava casa, Plutone, Marte, Ovest, autunno, acqua)

Con il Settore 8 entriamo nei massimi livelli di trasformazione, eliminazione e rilascio umanamente possibili: quelli in relazione con la morte e la rigenerazione totale. Nelle esplorazioni di questi spazi ci confrontiamo con rancori che vanno oltre i ricordi della storia personale. Qui non è determinante rintracciarne le cause, ciò che conta è cessare di trattenerli e lasciarli andare così come facciamo con i nostri rifiuti organici. Un aspetto fondamentale del lavoro con Plutone riguarda l'espletamento integrale del rilascio del materiale di scarto a ogni livello dell'esistenza e il recupero degli strumenti che facilitano questo processo. Il Settore 8 è tra i più fraintesi e, in assoluto, quello più oggetto di proiezioni e sospetti. In quest'ambito, gli altri diventano uno specchio che riflette quelle parti che non siamo capaci di riconoscere in noi stessi. Qui impariamo a condividere in modo intimo e autentico, a conoscerci attraverso gli altri e a comprendere quando è necessario porre fine a un processo per iniziarne uno nuovo.

Le persone con squilibri nel Settore 8 alternano spesso periodi di totale isolamento a relazioni simbiotiche in cui nessuno dei due partner riesce a esistere senza l'altro. La paura di essere abbandonati, e di ritornare così all'isolamento, è tale che il partner viene controllato ossessivamente. L'esasperazione di questa situazione ha spesso la finalità di provocare quell'abbandono stesso che si cerca disperatamente di evitare. Queste relazioni sono vissute con un senso tragico di partecipazione emotiva da cui emana la netta sensazione di una fine inesorabile. Qui i rancori raggiungono i massimi livelli di espressione. Le loro cause si rivelano così antiche e sotterranee da sconcertare perfino l'ego. Questi, non trovando altre scuse, finisce spesso col dare la colpa alle vite passate. In tali situazioni si possono presentare occasioni notevoli di perdono e guarigione. Talvolta, occorre invece imparare a perdonare se stessi, prendendo atto dei propri limiti e scegliendo di apportare trasformazioni definitive. Se ti trovi ad avere una relazione che ti ossessiona e da cui hai difficoltà a liberarti, usa la seguente frase ogni volta che incontri la persona in questione, sia nella realtà fisica che nella tua mente: “Dio è l’amore nel quale ti perdono... (nome della persona)”. Alla fine aggiungi: “Dio è l’amore nel quale perdono me stesso”. Fai ciò anche se all’inizio ti può sembrare una cosa ipocrita. Puoi anche lasciare uscire dal tuo cuore un fascio di luce rosa che si riversa su quella persona. Il perdono è la tua Funzione. Solo tu puoi benedire tuo fratello come Figlio di Dio. Solo tu puoi cessare di condannarlo, lasciando andare la paura che senti verso di lui, per aprirti all’amore di Dio. Facendo ciò, riconosci il Figlio di Dio che è in te, e riconosci di non avere alcuna colpa.

I forti momenti di crisi messi in atto da Plutone possono essere agevolmente superati con l’evocazione di uno dei rimedi per eccellenza del Settore 8: la *morte*. Quando ci si trova in stati di notevole malessere, è essenziale prendersi una breve pausa per esaminare l’intera situazione nella prospettiva della propria morte imminente. La tecnica consiste nel considerare in tutto e per tutto la nostra vita e le azioni di quel preciso momento come se fossero gli ultimi atti prima di morire. In questo caso Plutone agisce da saggio consigliere e ci mostra ciò che è fondamentale, allontanando gli aspetti insignificanti della nostra vita. Dinanzi alla morte, i mostri e i falsi intenti della vita quotidiana si mostrano per quello che sono: ombre prive di senso. “Siamo vivi. E la morte ci aspetta. Questa è l’unica cosa che davvero importa. Il resto sono sciocchezze”[7].

Nella pratica della *Morte come Guida*, per una settimana si osserva nella direzione della spalla sinistra e con una visione sfocata e periferica si guarda la Morte come se fosse una Guida o insegnante. Pochi di noi prendono in considerazione i doni della Morte. Chiedi alla Morte che cosa ha da insegnarti in questo momento della vita e, con coraggio, ascolta.

Una pratica di liberazione molto utile è quella della *scatola dei rancori*. Si tratta di impiegare una scatola in cui depositare dei biglietti contenenti i pensieri che maggiormente ci turbano o provocano malessere. L’atto stesso di scrivere ci consente di liberare un pensiero e distaccarcene. Se scriviamo su un foglio qualcosa che ci dà fastidio, lo stiamo letteralmente scaricando. È un modo potente di liberare i rifiuti mentali. In questo caso la scatola svolge la funzione di vera e propria ritirata a livello emotivo e mentale. Dopo un certo periodo di tempo, prima di andare a svuotare la scatola nei contenitori

---

[7] Victor Sanchez, *Gli insegnamenti di Don Carlos: applicazioni pratiche delle opere di Carlos Castaneda*, Edizioni Il Punto d’Incontro, p. 112.

di riciclaggio della carta, puoi leggere il contenuto dei biglietti. Spesso ti renderai conto che quelli che apparivano dapprima come problemi senza via d'uscita si sono già risolti o non hanno più alcun senso.

Un esercizio di gruppo tipico del Settore 8 è quello dell'*ospite indesiderato*. Ognuno visualizza una situazione in cui organizza una grande festa. Poi, prendendo un foglio, scrive i nomi di alcuni invitati che a tutti i costi devono partecipare. Possono essere amici, ma anche celebrità o persone importanti sia presenti che passate. È necessario trascrivere i nomi di quattro persone, di cui almeno due devono essere persone celebri, verso le quali si nutre ammirazione e amore. In seguito, si trascrivono quelli di altre quattro persone (di cui almeno due celebri) che per nessun motivo devono essere presenti alla festa. Accanto a ciascun nome si annotano poi una o due parole riguardanti le qualità positive o gli aspetti negativi di quelle persone. La lista rappresenta un breve quadro delle proiezioni di ciascuno. Le qualità positive riflettono qualcosa che esiste dentro di noi, così come quelle negative. Questo non vuol dire che il livello di espressione sia lo stesso o che occorra sentirsi male per questo. In seguito si possono impiegare alcuni esercizi di astrodramma. Per esempio, in coppia, ciascuno può interpretare a turno la parte di un ospite indesiderato e quella dell'organizzatore della festa in una scena in cui si trovano faccia a faccia.

Il gioco degli *angeli e diavoli* consiste nel sistemarsi in cerchio e nell'usare espressioni verbali, gesti e suoni. Un ricercatore inizia assumendo una posizione angelica, poi si rivolge alla persona accanto, la quale copia il ruolo e lo trasforma nel suo aspetto demonico. Questi si mette in seguito di fronte al compagno vicino che cambia l'espressione in angelica e così via. A un certo punto si può aggiungere la voce e in seguito anche i movimenti.

Settore 9

(Sagittario, nona casa, Giove, Ovest, autunno, fuoco)

Nel Settore 9 si esprime la via sciamanica dell'*avventuriero*, fondata sull'esplorazione giocosa e la ricerca vibrante della verità. L'avventuriero, se da un lato si rende conto che nella vita vi possono essere dei problemi, dall'altro vede il mondo come un luogo meraviglioso, pieno di occasioni estatiche e possibilità creative. La sua credenza fondamentale è che noi siamo i creatori del mondo e che, quindi, ogni esperienza viene generata da noi stessi. Qualunque cosa crediamo, sia che ne siamo consapevoli o meno, si trasforma in realtà. Se abbiamo una visione del mondo e ci crediamo, percepiamo la vita in quel modo anche se, nell'apparenza, le nostre esperienze non sono affatto diverse da chi possiede un'altra visione. Per esempio, chi è ottimista considera fortunate le stesse esperienze che una persona pessimista vede come negative. L'energia di Giove può essere impiegata per alimentare la credenza nell'allucinazione dell'ego o per trasformare la nostra percezione in armonia con l'Intento di luce.

Tutte le circostanze in cui ci mettiamo in movimento per aprirci all'esplorazione di terre ignote o lontane sono efficaci per attivare il Settore 9. I viaggi avventurosi (trekking, escursioni in montagna, spedizioni in luoghi remoti) o di carattere culturale sono ideali in questo caso.

La *risata* è un'ottima pratica per Giove. Ridendo creiamo un varco nei corpi energetici e permettiamo a essi di ricevere. In certi percorsi spirituali la risata è impiegata come meditazione. Osho consiglia di ridere per 5 minuti ogni mattina a occhi chiusi. "La prima cosa che si deve fare è ridere, perché la risata stabilirà l'atmosfera di tutta la giornata. Se ti svegli ridendo, presto sarai in grado di sentire quanto sia assurda la vita. Nulla è serio: puoi ridere anche delle delusioni, puoi ridere anche delle tue sofferenze, puoi ridere perfino di te stesso"[8].

I movimenti di danza del Settore 9 sono ampi, vivaci, dinamici e gioiosi. Visualizza e senti il corpo e la tua aura in uno stato di espansione energetica continua, come un uovo luminoso che diventa sempre più grande. Muoviti con questa consapevolezza e lascia che inglobi tutto ciò con cui entra in contatto. Fai passi lunghi e leggeri, fiduciosi e potenti. Spostati come un avventuriero alla ricerca di tesori nascosti, pieno del desiderio di conoscere e fare esperienza, o corri libero e selvaggio lungo una spiaggia tropicale. Impiega musiche di diverse culture e paesi, onora i popoli della Terra e le loro tradizioni sacre, lasciati andare in un viaggio danzante attorno al globo.

La *visita di luoghi sacri* è un tipico aspetto del Settore 9. I luoghi sacri sono punti di concentrazione energetica in cui la realtà fisica e ordinaria si incontra con quella non ordinaria. Alcuni di essi sono stati creati da civiltà antichissime, altri sono frutto di azioni umane recenti, mentre altri ancora sono la manifestazione di eventi naturali

---

[8] Osho Rajneesh, *Il libro arancione: tecniche di meditazione*, Edizioni Mediterranee, Roma, 1983, pp. 21-22.

e divinità. La sensazione di essere osservati da qualcuno, mentre si staziona o passeggia, per esempio, vicino a un ruscello o in un bosco, è in genere un elemento indicatore della propria presenza in un luogo sacro. Quando visiti questi luoghi, prendi qualcosa con te come oggetto di scambio (erbe, incenso, semi, ecc.) e svolgi un breve rituale. Puoi chiamare le direzioni e salutare gli Spiriti locali, proclamando l'Intento e la tua volontà di onorare il luogo. Prenditi inoltre cura del posto: per esempio, puoi ripulirlo di eventuali rifiuti. In seguito fermati a meditare, pregare o apriti alla relazione spontanea con il luogo.

Per ottenere il meglio da Giove, Donna Cunningham suggerisce di visualizzare un fiore giallo che si apre al centro della fronte. "Pensa a qualcosa che fai nella tua vita in modo limitato e che vorresti invece sviluppare in modo grandioso. Mettilo in una piccola sfera gialla all'altezza degli occhi. Attraverso il fiore invia un'inesauribile corrente di luce gialla verso la sfera. Osservala crescere sempre di più. Concludi con l'affermazione: 'la crescita della mia mente e del mio spirito si espande sempre più'"[9].

Nell'esercizio di gruppo della *diffusione della credenza* un partecipante immagina di poter convincere il mondo riguardo un concetto in cui crede. Dopo averlo scelto, riflette brevemente e poi fa una specie di conferenza per comunicarlo a tutti. In seguito, interagisce con gli altri e compie gesti coerenti con quanto ha dichiarato.

Una pratica tipica del Settore 9 è il *giveaway* (dare via). Alla fine di una celebrazione, ognuno dispone nel Sacro Cerchio cose che desidera donare. Può trattarsi di cristalli, statuette, libri, collane, ecc. od oggetti in eccesso che da tempo non vengono più impiegati. I partecipanti girano attorno ai doni e, dopo aver udito un apposito segnale, ne scelgono uno. In seguito, a turno, ognuno dà informazioni riguardo l'oggetto che ha donato e spiega che cosa lo ha attratto in quello che ha scelto per sé.

Angel Thompson suggerisce per Giove il *gioco del palloncino*: ognuno scrive su un palloncino una parola chiave che rappresenta una credenza od opinione, e inizia a gonfiarlo con la sua *hot air* (parola che in inglese significa "aria calda", ma anche "idee prive di senso"). Poi, a un certo punto, i palloncini vengono fatti scop-

---

[9] Donna Cunningham, *Moon Signs: The Key to Your Life*, Ballantine, pp. 65-66.

piare a sorpresa da qualcuno o volontariamente dalla persona in questione. È interessante osservare, nota l'autrice, come ciascuno tende a essere molto attaccato alla propria *hot air*[10].

Settore 10
(Capricorno, decima casa, Saturno, Nord, inverno, terra)

Nel Settore 10 ci confrontiamo con la gestione produttiva delle risorse per realizzare il nostro Intento. Qui i patti sono chiari e non esistono possibilità di equivoco. La meta, benché lontana, è sicura. Si tratta solo di procedere, con impegno, passo dopo passo, pazienti e sicuri. Alcuni grandi uomini d'affari pensano in questi termini: "Non ho la minima idea su come farò ad arrivare fino in fondo, ma nel frattempo oggi posso fare questo". È un'attitudine che porta subito nel presente e consente di agire in un disegno più ampio. In questo Settore occorre essere consapevoli che nella vita esistono cicli da rispettare e che non è possibile procedere secondo i tempi dettati dall'avidità. A volte il Settore 10 obbliga al confronto con limiti e ritardi che, lungi dall'essere ostacoli, sono opportunità per prepararsi meglio e acquisire esperienza. In questo caso si tratta di impiegare il tempo generato dal ritardo per ottenere consenso in noi e sviluppare quelle capacità di cui siamo deficitari.

La sfida del Settore 10 comporta l'accettazione della responsabilità riguardo la percezione che abbiamo del mondo. Talvolta ci sentiamo frustrati per le difficoltà continue che incontriamo nel realizzare i nostri obiettivi. Finché non facciamo i conti con Saturno e accettiamo di assumere la responsabilità delle nostre idee, costruiremo ben poco. La parola *responsabilità* viene spesso associata alla parola *colpa*. In questo contesto l'equazione di responsabilità uguale colpa viene trasformata in responsabilità uguale potere.

Ognuno racchiude in sé parti ereditate dai propri genitori che spesso continuano a rimanere attive nei loro aspetti limitanti. Queste parti sono state a loro volta ricevute dai genitori dei nostri genitori attraverso la lunga catena di scambio innescata dal processo di contaminazione. Attribuire colpe e giudizi, in tale contesto millenario, serve ben poco. Ciò che invece possiamo fare è assumerci la responsabilità di queste parti e trasformarle. Nel Settore 10 si proietta in genere lo Spirito paterno, quello che rappresenta l'autorità e sta-

---

[10] Angel Thompson, *op. cit.*, p. 248.

bilisce i modelli di comportamento. L'esercizio seguente è utile per lavorare su questa figura. Apri il Sacro Cerchio e proponiti di incontrare il tuo *padre ideale*. Inizia a visualizzarlo. Dai forma ai suoi occhi, capelli, bocca, faccia, voce, vestiti, ecc. Stabilisci ogni sua modalità di comportamento. Guarda come ti senti rispetto a lui e osserva quanto ti supporta. Crea questa figura così come la vuoi, senza alcun limite. Definisci la figura paterna migliore secondo il tuo punto di vista. Una volta che hai concluso, prendi questo padre ideale e fallo entrare dentro di te. Senti che le sue qualità diventano tue. Del resto, poiché sei stato in grado di crearle tu stesso, esse fanno inevitabilmente parte di te. Ricordati, tutte queste qualità sono tue e le puoi impiegare quando vuoi. Riconoscile, amale e usale.

L'uso di *argilla e pietre* è molto efficace per equilibrare il Settore 10 (soprattutto durante i transiti di Saturno). Si possono fare semplici sculture o piccole costruzioni rappresentative del nostro Intento. Questa pratica costituisce di per sé un concreto segno della volontà di allinearci con i nostri obiettivi. L'uso dell'argilla, in particolare, dimostra quanto la struttura possa essere modellata e trasformata in base all'Intento.

I movimenti di Saturno sono lenti, costanti, determinati, radicati alla terra e focalizzati. Per richiamare questa energia, il peso del corpo può essere esagerato, così come la tensione muscolare e la rigidità delle articolazioni. La danza diventa una sequenza finalizzata a realizzare un obiettivo (per esempio, la scalata verso la vetta di un monte). Procedi gradualmente, passo dopo passo, talvolta con sforzo, ma sempre inarrestabile e deciso nell'ascesa.

Una caratteristica del Settore 10 consiste nel dare forma concreta a ciò che sentiamo. Questa qualità viene impiegata nel gioco del *disegno del problema*. Ciascun partecipante disegna su un foglio la rappresentazione del suo maggiore problema. Una volta terminato, ogni foglio viene esposto a turno nel Sacro Cerchio e ciascun ricercatore esprime le sue sensazioni. I disegni possono in seguito essere rappresentati teatralmente da una o più persone.

Nell'esercizio della *limitazione*, il gruppo accerchia una persona e le impedisce in tutti i modi di uscire all'esterno. Un'altra versione consiste nel formare un cerchio e nell'impedire a una persona di entrarvi dentro. Nell'esercizio della *lotta di potere*, ci si dispone a coppie e preferibilmente con un partner con cui si sente tensione o disagio. A turno si mettono le proprie mani sulle spalle dell'altro per spingerlo verso il basso. La persona che riceve la pressione resiste e poi gradualmente cede abbassandosi sulle ginocchia e finendo sdraiata sul pavimento. In seguito, viene sollevata e alzata in piedi di nuovo. Ognuno presta attenzione alle sue reazioni e alla differenza rispetto a quando esercitava o subiva la pressione. Dopo questi esercizi segue in genere una condivisione in cui ciascuno spiega e libera ciò che ha provato.

Settore 11

(Acquario, undicesima casa, Urano, Saturno, Nord, inverno, aria)

Nel Settore 11 superiamo le mura della coscienza ordinaria e ci apriamo ai bagliori intuitivi dell'intelligenza transpersonale. La pressione di Urano mette a nudo la fragilità delle convenzioni e incita al rinnovamento e all'emancipazione. Tale attitudine, quando non viene accettata e integrata consapevolmente, rischia di proiettarsi in modo traumatico all'esterno (incidenti, furti, rotture sentimentali, separazioni, licenziamenti, ecc.). Nel Settore 11, la necessità di scelte radicali e svolte decisive sembra inevitabile. Talvolta certi cambiamenti spettacolari diventano strategie per ingannare se stessi e gli altri. Il vero cambiamento di Urano, pur avendo spesso effetti esteriori, non riguarda l'esterno. Esso agisce internamente e determina una trasformazione radicale della percezione che si riflette poi su ciò che è fuori.

Gli *incidenti* sono elementi rivelatori dell'azione dissonante di Urano. Quando ti capita un incidente, anche piccolo (come rompere un piatto, sbattere la testa, ecc.), cerca di ricostruire attentamente cosa stavi pensando o sentendo negli istanti immediatamente prima. In un'ottica spirituale gli *eventi casuali* non esistono. Dietro ogni apparente fatto accidentale esiste una motivazione ben precisa. Spesso gli incidenti sono trucchi dell'ego per deviare l'attenzione da qualcosa di importante che stiamo per fare. Talvolta ci accadono quando non rispettiamo la nostra vera natura. Non si tratta di una punizione, ma di un segnale che, se riusciamo a comprendere, può aprire la nostra vita verso nuove dimensioni e condurci a intraprendere cambiamenti fondamentali.

I movimenti di danza del Settore 11 sono veloci, esplosivi, bizzarri, imprevedibili, con cambiamenti di direzione continui, scuotimenti del corpo e scatti improvvisi. Il tema è la libertà, la ribellione, l'inusuale, l'originalità. Entra nel ruolo del ribelle o provocatore. Esprimiti in modo caotico, crea disorientamento e fai qualunque cosa ti viene in mente, senza censure. Guardati attorno usando prospettive bizzarre: abbassa la testa tra le ginocchia, mettiti di traverso, oscilla, sali su una sedia, ecc. Quando ti trovi nel mezzo della danza più frenetica, blocca la musica e fermati completamente. Rimani per qualche minuto come congelato e osserva le sensazioni di tutto il corpo. Porta l'attenzione al respiro. Poi apriti lentamente a movimenti più intimi e sottili. Segui il ritmo delle vibrazioni ed esprimi liberamente tutta la luminosità che ti pervade.

La *respirazione*, oltre a essere un requisito per sopravvivere sulla Terra, è per molte tradizioni una delle principali pratiche spirituali. A questo riguardo esistono numerosi esempi. La meditazione *Dinamica* di Osho è rappresentativa del Settore 11. Il primo stadio consiste in una respirazione caotica. Gli stadi successivi sono: l'esplosione catartica, il salto e l'urlo del mantra *Hu*, l'immobilità totale, la danza di celebrazione[11].

Il Mondo dell'Alto e le stelle sono in sintonia con il Settore 11. Una tipica pratica è la *connessione stellare*. Ogni ricercatore si rivolge verso una stella del cielo con cui ha scelto di lavorare. Dopo aver chiesto alla Guida di fungere da mediatore ed equilibratore, saluta la stella e focalizza l'attenzione sul respiro. Con l'inspirazione riceve energia dalla stella, mentre con l'espirazione libera i rancori. Una volta concluso lo scambio, rimane fermo in silenzio per consentire all'energia stellare di stabilizzarsi nel suo sistema. Poi la ringrazia e rimane il più possibile in silenzio per tutta la notte. L'energia stellare è molto potente e, per essere assorbita, necessita di precauzioni. Nelle ore precedenti e successive alla pratica si consiglia di evitare distrazioni o sprechi di energia.

Il Settore 11 è rappresentativo del lavoro di gruppo in genere. I consigli del Sacro Cerchio, le esperienze di vita comunitaria, i seminari e tutti gli esercizi di gruppo proposti in questo libro contribuiscono ad attivarne ed equilibrarne l'energia.

Settore 12

(Pesci, dodicesima casa, Nettuno, Giove, Nord, inverno, acqua)

Nel Settore 12 cerchiamo l'esperienza dell'unità con il Tutto, della fusione totale, di un infinito oceano che incessantemente ondeggia e fluisce. Qui entriamo nella sfera dei sogni più grandiosi o degli incubi più temibili. Tra tutti i Settori, la gestione del Settore

[11] Per una descrizione completa di questa tecnica vedi: Osho Rajneesh, *Il libro arancione*: *tecniche di meditazione*, Edizioni Mediterranee, Roma, 1983, pp. 29-32.

12 è forse la più difficile, poiché in quest'ambito si affrontano rancori molto sofisticati. L'ego gioca le sue ultime carte, che sono del resto anche le prime: quelle dell'inizio della partita. Con Nettuno affiora un ego che ha imparato abilmente a sopravvivere attraverso la negazione della sua stessa esistenza. Di conseguenza, l'attenta esplorazione di questo Settore può gettare luce sui lati più misteriosi della vita, e rivelare, a chi è pronto, la reale natura di ogni apparenza.

Tutte le pratiche di danza sono utili per attivare l'energia del Settore 12. Alcune tecniche, come le danze sufi, i *Kirtan* devozionali induisti, e le danze rituali di trance sono particolarmente in sintonia con Nettuno. I movimenti del Settore 12 possono essere visualizzati e sentiti come se avessero luogo nell'acqua. Immagina di essere un pesce, senti la spina dorsale flessibile e fluida. Cambia direzione con rapidità e lasciati trasportare dalla corrente. Consenti a ogni tuo movimento di fluire con il successivo, senza interruzioni, in un eterno ondulare. Un altro passo è quello estatico del mistico: muoviti lentamente come un essere dotato di capacità psichiche superiori. Sentiti sollevare da terra, spargi le tue benedizioni verso le persone che incontri e fonditi con loro, sii candido e delicato in ogni tuo gesto. Il Settore 12 è talmente potente che a volte, facendo questi esercizi, puoi diventare veramente, almeno per qualche minuto, quello che fai finta di essere. Del resto, questo Settore è il regno degli attori, del cinema e di ogni forma di illusione (o realtà?).

Camminare a piedi nudi per terra o portare l'attenzione ai piedi e sentirvi sopra il peso di tutto il corpo è uno dei metodi più efficaci per riprendersi da momenti di assenza mentale derivati da eccessiva esposizione a Nettuno. Coloro che hanno forti valori nettuniani possono inoltre essere molto sensibili alla luce, per cui spesso necessitano di operare in condizioni di scarsa luminosità.

La pratica del sogno è una delle grandi arti del Settore 12. Don Juan, nelle opere di Carlos Castaneda, la definisce come un modo di sognare in cui non si perde completamente coscienza e che inizia quando si diventa consapevoli che si sta sognando. Quello che segue è un processo che permette di risintonizzarci con la nostra parte che sogna[12]. Mentre sei sdraiato sul letto, comincia a rivedere gli eventi della giornata. Ringrazia per le cose buone che hai ricevuto durante il giorno. Se ti rendi conto che in qualche momento hai mancato di agire secondo il tuo Intento o il tuo cuore, ripeti quel momento e correggi l'errore. Per esempio, se hai parlato a qualcuno con rabbia,

---

[12] Libero adattamento da: Davis-Wolfe, Thomson, "Frost and Freeze Moon", pp. 23-25, in *op. cit.*

rivediti mentre parli con amore. Poi afferma mentalmente che la prossima volta che ti troverai in simili situazioni, opererai secondo il tuo Intento. Quando hai terminato la revisione, comanda a te stesso di osservare le tue mani durante il sogno. Anche se questo non accadrà subito, limitati solamente a inviare questo comando ogni volta prima di addormentarti. Le mani, in questo caso, non hanno importanza in quanto tali, ma sono solo un espediente strategico. In realtà, potremmo usare altre parti del corpo, poiché ciò che conta è ricordare l'ordine di fare qualcosa durante il sogno e di eseguirlo effettivamente. Inizia infine a contare da 10 a 1, affermando che ti ricorderai di quello che succede durante il sogno. Al risveglio, stirati, ringrazia per quanto hai ricevuto, e prendi nota dei sogni. Con questo processo, hai l'opportunità di chiarire e liberare dal corpo e dalla coscienza qualsiasi pensiero o emozione che può avere ferito te stesso o gli altri. Inizierai lentamente a comprendere quali pensieri sono di supporto al tuo Intento e quali di ostacolo. Non avere fretta e continua a praticare. Col tempo, imparerai a lasciare andare e trasformare ciò che non serve in modo sempre più automatico. Inoltre, ti renderai conto di quanto i tuoi sogni sono in corrispondenza con gli eventi astrologici del momento e come puoi usare il sogno per farti arrivare messaggi dalle Guide.

Il Sacro Cerchio può essere impiegato anche per condividere i sogni notturni durante gli incontri di gruppo. In questo caso, i sogni vengono ascoltati come storie e non per essere interpretati o analizzati. L'obiettivo è quello di entrare nello stato di sogno insieme al sognatore. Una classica pratica del Settore 12 consiste nel rappresentare scenicamente i sogni avuti la notte precedente. A questo riguardo si procede in modo simile all'astrodramma (vedi capitolo 4).

Un gioco ideale per gruppi numerosi è quello del *Dio Interiore*. Mentre tutti rimangono a occhi chiusi, l'istruttore tocca una persona sulle spalle e questa, da quel momento, diventa il *Dio Interiore*. I partecipanti cominciano a mettersi alla sua ricerca, muovendosi per la stanza, sempre a occhi chiusi, e chiedendo a ciascuno con cui entrano in contatto fisico se è lui il Dio Interiore. In caso negativo, la persona in questione replica con un *no*. In caso positivo, il Dio Interiore rimane in silenzio e risponde con un abbraccio. A quel punto, chi è stato abbracciato diventa anche lui un Dio Interiore e si comporta conseguentemente: quando verrà contattato dagli altri risponderà alla loro domanda con un abbraccio. Il gioco si conclude quando tutti sono diventati Dio Interiore e dopo che sono passati alcuni minuti di totale silenzio. I partecipanti possono poi aprire gli occhi e unirsi insieme in un unico grande abbraccio.

Bibliografia

AGIMAN, ANATTA, *La porta sull'invisibile*, Sperling & Kupfer, Milano, 1998.

ALLEN, MARCUS, *Astrology for the New Age: An Intuitive Approach*, CRCS Publications, Sebastopol, California, 1979.

ANDREWS, TED, *Magickal Dance: Your Body as an Instrument of Power*, Llewellyn, St. Paul, Minnesota, 1993.

ARROYO, STEPHEN, *Astrologia, karma, trasformazione: le dimensioni interiori della carta natale*, Astrolabio, Roma, 1990. *Astrology, Psychology, and the Four Elements: An Energy Approach to Astrology and Its Use in the Counselling Arts*, CRCS Publications, Reno, Nevada, 1975.

ASHCROFT-NOVICKI, DOLORES, *The Ritual Magic Workbook: A Practical Course of Self-Initiation*, The Aquarian Press, Wellingborough, 1986.

BONCOMPAGNI, SOLAS, *Il mondo dei simboli: numeri, lettere e figure geometriche*, Edizioni Mediterranee, Roma, 1984.

BRYANT, PAGE, *Starwalking: Shamanic Practices for Travelling into the Night Sky,* Bear & Company, Santa Fe, New Mexico, 1997.

CASTANEDA, CARLOS, *A scuola dallo stregone: una via yaqui alla conoscenza*, Astrolabio, Roma, 1970. *L'isola del Tonal*, Rizzoli, Milano, 1978. *Una realtà separata,* Astrolabio, Roma, 1972.

CERCHIO, BRUNO, *Simbologia astrologica,* Edizioni Mediterranee, Roma, 1981.

CHEVALIER, JEAN; GHEERBRANT, ALAIN, *Dizionario dei simboli: miti, sogni, costumi, gesti, forme, figure, colori, numeri*, Rizzoli, Milano, 1986.

CLIFTON, CHAS S., *Witchcraft Today: Book Three, Witchcraft and Shamanism*, Llewellyn, St. Paul, Minnesota, 1994.

CLOW, BARBARA HAND, *Ho capito la mia vita: interpretare attraverso le stelle i passaggi chiave dell'esistenza*, Gruppo Futura, Milano, 1998.

COOK, ANGELIQUE S.; HAWK, G.A., *Shamanism and the Esoteric Tradition*, Llewellyn, St. Paul, Minnesota, 1992.

CUNNINGHAM, DONNA, *An Astrological Guide to Self-Awareness*, CRCS Publications, Sebastopol, California, 1978. *Astrology and Spiritual Development*, Cassandra Press, San Rafael, California, 1989. *Astrology and Vibrational Healing*, Cassandra Press, San Rafael, California, 1988. *Being a Lunar Type in a Solar World*, Samuel Weiser, York Beach, Maine, 1982. *Healing Pluto Problems*, Samuel Weiser, York Beach, Maine, 1986. *Moon Signs: The Key to Your Life*, Ballantine, New York, 1988.

Davis-Wolfe, Mattie; Thomson, David, *Walking the Sacred Wheel: A Year's Journey of Initiation around the Sacred Wheel*, Sacred Circles Institute, Mukilteo, Washington, 1995.

Dethlefsen, Thorwald, *Il destino come scelta: psicologia esoterica*, Edizioni Mediterranee, Roma, 1984.

Dobyns, Zipporah Pottenger, *Expanding Astrology's Universe*, ACS Publications, San Diego, California, 1983. *Finding the Person in the Horoscope*, TIA Publications, Los Angeles, 1973.

Drago, Francesca, *La via sciamanica e le Ruote di Medicina*, Xenia, Milano, 1996.

Drury, Nevill, *Gli sciamani*, Xenia, Milano, 1995.

Eliade, Mircea, *Lo sciamanesimo e le tecniche dell'estasi*, Edizioni Mediterranee, Roma, 1974. *Lo yoga, immortalità e libertà*, Rizzoli, Milano, 1973. *Trattato di storia delle religioni*, Boringhieri, Torino, 1976.

Foundation for Inner Peace, *A Course in Miracles*, Foundation for Inner Peace, Glen Ellen, California, 1992. *Psychotherapy; Purpose, Process, and Practice: An Extension of the Principles of A Course in Miracles*, Foundation for Inner Peace, Mill Valley, California, 1976.

Gawain, Shakti, *Visualizzazione creativa*, Red, Como, 1988.

Gilchrist, Cherry, *Planetary Symbolism in Astrology*, Saros Fundation, 1980.

Goodman, Felicitas D., *Where the Spirits Ride the Wind: Trance Journeys and Other Ecstatic Experiences*, Indiana University Press, 1990.

Gore, Belinda, *Ecstatic Body Postures: An Alternate Reality Workbook*, Bear & Company, Santa Fe, New Mexico, 1995.

Hand, Robert, *Horoscope Symbols*, Whitford Press, West Chester, Pennsylvania, 1981. *Transiti*, Armenia, Milano, 1982.

Haram, *Manuale laico di astrologia*, Savelli, Milano, 1979.

Harding, M. Esther, *I misteri della donna*, Astrolabio, Roma, 1973.

Harner, Michael, *La via dello sciamano: una guida al potere e alla guarigione*, Edizioni Mediterranee, Roma, 1995.

Hay, Louise, *Il potere è in te*, Armenia, Milano, 1992.

Herbert, Jean, *L'induismo vivente*, Edizioni Mediterranee, Roma, 1985.

Hess, Helene, *The Zodiac Explorer's Handbook: A Unique Guide to Using Your Birth Chart for Inner Exploration*, The Aquarian Press, Wellingborough, 1986.

Ingerman, Sandra, *Soul Retrieval: Mending the Fragmented Self*, Harper, San Francisco, 1991.

Jenkins, Palden, *Living in Time: Learning to Experience Astrology in Your Life*, Gateway Books, Bath, 1987.

Jones, Prudence (a cura di), *Creative Astrology: Experiential Understanding of the Horoscope*, The Aquarian Press, London, 1991.

Judith, Anodea, *Chakras: ruote di vita*, Armenia, Milano, 1989.

Jung, Carl Gustav, *Ricordi, sogni, riflessioni di C.G. Jung*, Rizzoli, Milano, 1978. *Psicologia e alchimia*, Boringhieri, Torino, 1981.

LAMPARELLI, CLAUDIO, *Tecniche della meditazione orientale*, Mondadori, Milano, 1985.

MAILLY NESLE, SOLANGE DE, *L'astrologia: la storia, i simboli, i segni*, ECIG, Genova, 1987.

MATTHEWS, JOHN, *Sciamanesimo celtico*, Edizioni L'Età dell'Acquario, Grignasco (Novara), 1997.

MAYO, JEFF, *The Planets and Human Behavior*, CRCS Publications, Sebastopol, California, 1985.

MCEVERS, JOAN (a cura di), *Spiritual, Metaphysical and New Trends in Modern Astrology*, Llewellyn, St. Paul, Minnesota, 1988.

MEADOWS, KENNETH, *La ruota di medicina: la via amerindiana alla Conoscenza di Sé*, Edizioni L'Età dell'Acquario, Grignasco (Novara), 1995. *La via degli sciamani*, Armenia, Milano, 1996.

MERRIMAN, RAYMOND, *Astrologia evolutiva: il viaggio dell'Anima attraverso gli Stati della Coscienza*, Edizioni Crisalide, Saturnia (Latina), 1994.

MICHELL, JOHN, *Lo spirito della terra: l'energia del mistero vivente*, Red, Como, 1988.

MUNDY, JOHN, *Listening to Your Inner Guide*, Crossroad, New York, 1995.

MYERS, ROBERT "BUZ", *The Moon as a Trigger for Transformation*, RKM (audiocassette).

NEVIN, BRUCE, *Astrology Inside Out: A New Approach to Astrology*, Para Research, Rockport, Massachusetts, 1982.

NICHOLSON, SHIRLEY (a cura di), *Shamanism: an Expanded View of Reality*, The Theosophical Publishing House, Wheaton, Illinois, 1987.

NOBLE, VICKI, *Il risveglio della Dea*, Corbaccio, Milano, 1996.

OSHO, *Il libro arancione: tecniche di meditazione*, Edizioni Mediterranee, Roma, 1983. *Meditazione dinamica: l'arte dell'estasi interiore*, Edizioni Mediterranee, Roma, 1979. *I misteri occulti dell'Oriente: la dimensione nascosta della tradizione orientale*, ECIG, Genova, 1993. *La rivoluzione interiore: la psicologia dell'esoterico*, Edizioni Mediterranee, Roma, 1983.

PEUCKERT, WILL-ERICH, *L'astrologia*, Edizioni Mediterranee, Roma, 1973.

POTTENGER, MARITHA, *Astro Essentials: Planets in Signs, Houses & Aspects*, ACS Publications, San Diego, California, 1991. *Encounter Astrology*, TIA Publications, Los Angeles, 1978. *Healing with the Horoscope: A Guide to Counselling*, ACS Publications, San Diego, California, 1982.

REINHART, MELANIE, *Chiron and the Healing Journey: An Astrological and Psychological Perspective*, Penguin, London, 1989.

RIDALL, KATHRIN, *Veicoli di luce: come contattare le proprie guide spirituali*, Edizioni Crisalide, Saturnia (Latina).

RIVER, LINDSAY; GILLESPIE, SALLY, *The Knot of Time: Astrology and Female Experience*, The Women's Press, London, 1987.

ROSE, CHRISTINA, *Astrological Counselling: A Basic Guide to Astrological Themes in Person to Person Relationships*, The Aquarian Press, Wellingborough, 1982.

ROTH, GABRIELLE, *Maps to Ecstasy: Teachings of an Urban Shaman*, Mandala, London, 1990.

RUDHYAR, DANE, *Astrology and the Modern Psyche*, CRCS Publications, Vancouver, Washington, 1976.

RUTHERFORD, LEO, *The Book of Games and Warm Ups for Group Leaders*, Gale Centre, Loughton, 1994.

SANCHEZ, VICTOR, *Gli insegnamenti di Don Carlos: applicazioni pratiche delle opere di Carlos Castaneda*, Edizioni Il Punto d'Incontro, Vicenza, 1996.

SARGENT, DENNY, *Global Ritualism: Myth & Magic Around The World*, Llewellyn, St. Paul, Minnesota, 1994.

SATPATHI SANTORO, FRANCO, *Corso operativo di astrosciamanesimo: testo guida al primo livello*, Bologna, 1997.

SCHERMER, BARBARA, *Astrology Alive! Experiential Astrology, Astrodrama and the Healing Arts*, The Aquarian Press, Wellingborough, 1989.

SHONE, RONALD, *Creative Visualization*, Thorsons, London, 1984.

SICUTERI, ROBERTO, *Astrologia e mito: simboli e miti dello Zodiaco nella Psicologia del Profondo*, Astrolabio, Roma, 1978.

SOMÉ, MALIDOMA PATRICE, *Of Water and the Spirit: Ritual, Magic, and Initiation in the Life of an African Shaman*, Penguin, New York, 1994.

STARHAWK, *The Spiral Dance: A Rebirth of the Ancient Religion of the Great Goddess*, Harper, San Francisco, 1989.

STEINBRECHER, EDWIN C., *The Inner Guide Meditation: A Spiritual Technology for the 21st Century*, 6ª edizione, Samuel Weiser, York Beach, Maine, 1988.

SUN BEAR; WABUN WIND; MULLIGAN, CRYSALIS, *Dancing With The Wheel: The Medicine Wheel Workbook*, Simon & Schuster, London, 1991.

SZANTO, GREGORY, *Astrotherapy: Astrology and the Realization of the Self*, Arkana, London, 1987.

VOLGUINE, ALEXANDRE, *L'esoterismo dell'astrologia*, Xenia, Milano, 1996.

VON FRANZ, MARIE-LOUISE, *Alchimia*, Boringhieri, Torino, 1984.

WAPNICK, GLORIA e KENNETH, *The Most Commonly Asked Questions About A Course in Miracles*, Foundation for A Course in Miracles, Roscoe, New York, 1995.

WATSON, DONALD, *A Dictionary of Mind and Spirit*, Deutsch, London, 1991.

WILLIAMSON, MARIANNE, *Ritorno all'amore*, Corbaccio, Milano, 1994.

ZIMMERMAN, JACK; VIRGINIA, COYLE, *The Way of Council*, Bramble Books, Las Vegas, 1996.

INIZIAZIONE

COLLANA DIRETTA DA OSVALDO SPONZILLI

1. Osvaldo Sponzilli
   INIZIAZIONE ALLA CROMOTERAPIA
2. Paolo Crimaldi
   INIZIAZIONE ALL'ASTROLOGIA KARMICA
3. Maurizio Dina
   INIZIAZIONE ALLO SCIAMANESIMO
4. Fabio Nocentini
   INIZIAZIONE AI RIMEDI FLOREALI CALIFORNIANI
5. Ming Wong C.Y. e Alessandro Conte
   INIZIAZIONE ALLO ON ZON SU
6. Cesare Cuccurin
   INIZIAZIONE ALLA CHIROMANZIA ASTROLOGICA
7. Mario Scaffidi Abbate
   INIZIAZIONE AL MONDO DELLO YOGA
8. Angelo Luciani
   INIZIAZIONE ALLA REFLESSOLOGIA DEL PIEDE
9. A. Volguine
   INIZIAZIONE ALL'ASTROLOGIA LUNARE
10. Stefano Beverini
    INIZIAZIONE ALLA TELEPATIA
11. Leonardo Arena
    INIZIAZIONE ALL'AUTOREALIZZAZIONE
12. Giorgio Fanti
    INIZIAZIONE ALLA RADIESTESIA
13. Jean Josipovici
    INIZIAZIONE ALLA FELICITÀ
14. Francesco Casaretti
    INIZIAZIONE ALL'AMORE TAOISTA
15. Rudolf Steiner
    INIZIAZIONE AI MONDI SUPERIORI
16. Elena Judica Cordiglia
    INIZIAZIONE ALL'I:CHING
17. Christopher J. Markert
    INIZIAZIONE AL TAN TIEN
18. Sture Lönnerstrand
    INIZIAZIONE ALLA REINCARNAZIONE
19. Osho
    INIZIAZIONE ALLA MEDITAZIONE
20. Fabio Ragno
    INIZIAZIONE AI MITI DELLA STORIA

21. Martin Lings
INIZIAZIONE AL SUFISMO
22. Mario Corradini
INIZIAZIONE ALLA MUSICOTERAPIA
23. Osvaldo Sponzilli
INIZIAZIONE ALLA CROMOPUNTURA AURICOLARE
21. Martin Lings
INIZIAZIONE AL SUFISMO
22. Mario Corradini
INIZIAZIONE ALLA MUSICOTERAPIA
23. Osvaldo Sponzilli
INIZIAZIONE ALLA CROMOPUNTURA AURICOLARE
24. Selene Calloni
INIZIAZIONE ALLO YOGA SCIAMANICO
25. Robert Hasinger
INIZIAZIONE AL FENG SHUI
26. Ann Holdway
INIZIAZIONE ALLA KINESIOLOGIA
27. Tom Williams
INIZIAZIONE ALLA MEDICINA CINESE
28. A.K. Bhattacharyya e R.U. Sierra
INIZIAZIONE ALLA MAGNETOTERAPIA
29. Gianluca Volarici
INIZIAZIONE AI FENOMENI PARANORMALI
30. Toru Namikoshi
INIZIAZIONE ALLO SHIATSU
31. Galaadriel Flammini e Robert Hasinger
INIZIAZIONE ALL'AURA-SOMA
32. Lama Ole Nydahl
INIZIAZIONE AL BUDDHISMO
33. Anthony Arnold
INIZIAZIONE ALLA TERAPIA CRANIOSACRALE
34. Franco Santoro
INIZIAZIONE ALL'ASTROSCIAMANESIMO
35. Maurizio Dina
INIZIAZIONE ALLA VIA DEL SOGNARE
36. Tae Yun Kim
INIZIAZIONE AL POTERE INTERIORE
37. Ada Russo Pavan
INIZIAZIONE AI CULTI EGIZI

Edizioni Mediterranee - Roma - Via Flaminia, 109
Tel. 06/32.35.433 - Fax 32.36.277
e-mail: info@ediz-mediterranee.com
http://www.ediz-mediterranee.com